Elektrisch + Autonom

Verstehen ohne Diplom

Hendrik Ali

Prof. Dr.-Ing. Stiller

Valerie Mama Julia

Lucia Christian Pepe

Dani Papa Juli Marco

Chris Rene Ante

Shreyes Mingkang

W. Dank Rainer

Sinan

DANKE

Elektrisch + Autonom

Verstehen ohne Diplom

Die 40 wichtigsten Fragen und Antworten
zum E-Auto und autonomen Fahren

Johannes Walz

Bibliografische Information der Deutschen Nationalbibliothek:
Die Deutsche Nationalbibliothek verzeichnet diese Publikation in der Deutschen Nationalbibliografie; detaillierte bibliografische Daten sind im Internet über http://dnb.dnb.de abrufbar.

© 2020 Walz, Johannes

Illustration: Walz, Johannes ; depositphotos.com

Herstellung und Verlag: BoD – Books on Demand, Norderstedt

ISBN: 978-3-7504-7162-7

Vorwort

Von Christoph Stiller, Professor für Mess- und Regelungstechnik mit Forschungsschwerpunkt Automatisches Fahren am Karlsruher Institut für Technologie, KIT.

Unser aller Mobilität wird in den kommenden Jahrzehnten dramatische Veränderungen erfahren, wie es sie seit Erfindung des Automobils durch den in Karlsruhe studierten Ingenieur Carl Benz 1886 bisher nicht wieder gab. Die Ursache hierfür liegt in gleich zwei Innovationen, die das Autofahren und den damit verbundenen Verkehr gleich mit revolutionieren werden. Erstens wird der Antrieb von Autos elektrisch werden und zweitens werden Autos selbst fahren können. In letzter Konsequenz wird dieser technische Fortschritt gleichermaßen einschneidende Auswirkungen auf die für Deutschland wichtige Automobilindustrie wie auf die Mobilität unserer Gesellschaft haben. So wie das Automobil die Dampflokomotive zurückgedrängt hat, wird das elektrische automatische Auto schließlich unseren Verkehr vollkommen neu gestalten.

Obwohl erste elektrische Fahrzeuge bereits auf unseren Straßen präsent sind und erste Fahrerassistenzsysteme bin hin zum Level 3, in dem der Fahrer nicht mehr permanent die Fahrzeugführung überwachen muss, bereits entwickelt und die Markteinführung angekündigt sind, wird die Dynamik dieses Wandels zum elektrischen automatischen Automobil bis hin in die Vorstandsetagen einzelner Industrieunternehmen und in die Politik oftmals unterschätzt oder gar verdrängt. Sicherlich bietet dieser Wandel neben Chancen auf eine nachhaltigere, unfallärmere, bequemere und effizientere Mobilität zunächst auch negative Facetten und Unsicherheiten, wie es am Anfang einer neuen Technologieära nicht selten der Fall ist.

So stellt die Reichweitenbegrenzung verbunden mit langen Ladezeiten und unzureichender Infrastruktur fürs Laden derzeit eine Herausforderung für elektrisches Fahren dar. Die im Vergleich zum Verbrennungsmotor geringere Komplexität eines Elektromotors wird eine Verschiebung von Arbeitsplätzen aus der Automobilkonstruktion hin zu digitalen Mobilitätsangeboten bewirken und die Industrie in diesem Bereich neu anordnen. Eine Beflügelung der Shared-Economy kann den individuellen Fahrzeugbesitz und damit die Verkaufszahlen neuer Autos zurückdrängen. Ebenso darf man von automatischen Fahrzeugen nicht erwarten, dass sie bei heutigen Geschwindigkeiten eine absolute Sicherheit gewährleisten können. Allerdings werden automatische Fahrzeuge deutlich weniger Unfälle verursachen. Bei geschickter Einführung können sie zudem aus kritischen Situationen für die Zukunft lernen – und damit immer sicherer wenngleich nie unfallfrei werden.

Trotz aller heutiger Unzulänglichkeiten konnte in den vergangenen Jahren die Technische Forschung so weit vorangetrieben werden, dass der Übergang zu elektrischen und automatisierten Fahrzeugen unumkehrbar vorgezeichnet ist. Während dies in vielen Ländern, wie den USA, China und Japan ganz überwiegend als Chance wahrgenommen wird, sehe ich in Europa einen noch weniger informierten, eher kritischen bis vorsichtigen Umgang mit diesen Technologien.

Dieses Buch bietet verständliche und fachlich versierte Informationen über wesentliche Aspekte dieser neuen Mobilitätsära und gibt Antworten auf viele drängende Fragen. Damit leistet es einen wichtigen Beitrag für die notwendige übergreifende gesellschaftliche Diskussion zu diesem Thema. Deshalb unterstütze ich den Autor gern durch dieses Vorwort. Naturgemäß beschreibt er dabei den heutigen Stand einer dynamischen Technologie, deren künftige Entwicklung rasant voranschreiten wird. Ich wünsche dem Leser eine informative und interessante Lektüre und die Phantasie, dabei ein wenig von der Zukunft unserer Mobilität und deren Perspektiven für die Menschheit ohne Abgas-produzierende und blinde Autos zu erahnen.

Karlsruhe, den 12. Nov. 2019

gez. Prof. Dr.-Ing. Christoph Stiller

Inhaltsverzeichnis

1 Einleitung

Es ist Wochenende und Sie besuchen gute Freunde, um gemeinsam mit ihnen zu essen. Nach einem langen Abend mit dem einen oder anderen Glas Wein stellen Sie fest, dass Sie nicht mehr fahrtauglich sind. Umso besser, dass ihr Auto direkt vor der Haustür steht. Mit etwas Mühe öffnen Sie die Türe Ihres Autos und lassen sich auf den Sitz nieder. Sie nuscheln „nach Hause" und spüren daraufhin ein ruhiges, fast schon lautloses hochdrehen des Elektromotors, der das Fahrzeug sanft beschleunigt. Sie freuen sich, dass Sie sich beim letzten Autokauf für ein autonomes Elektroauto entschieden haben und sinken langsam in einen tiefen Schlaf.

Plötzlich werden Sie von einer lauten Hupe aufgeweckt. Sie versuchen sich zu orientieren und stellen fest, dass Sie anscheinend nicht wie gewünscht nach Hause gefahren sind, sondern an einer Stromtankstelle stehen. Auf der Anzeige Ihres Elektroautos steht „Bitte laden Sie ihr Auto". Erst jetzt realisieren Sie, dass ihr Fahrzeug die Ladestation blockiert, an dem der nachfolgende Fahrer sein Elektroauto laden möchte.

Auch wenn die beschriebene Situation noch sehr surreal wirkt, gibt es aktuell einen großen Wandel im Bereich Mobilität. Die Themen „Autonomes Fahren" und vor allem „Elektroautos" lassen sich nicht mehr ignorieren - nicht zuletzt aufgrund von etlichen Meldungen in den Nachrichten. Der bereits vor Jahren bekannt gewordene Diesel-Skandal fördert die Diskussion weiterhin. Aber auch die Politik übt Druck auf die Autohersteller aus, indem die Volksvertreter hohe CO_2-Ziele festlegen und den Herstellern mit Strafzahlungen in Milliardenhöhe drohen. Dabei arbeitet nicht nur die deutsche Industrie an modernen Automobilen. Dass die ausländische Konkurrenz nicht schläft, ist spätestens seit Teslas Medienpräzens offensichtlich.

Aber auch die Leser, die nicht an dem Wettkampf der Autounternehmen interessiert sind, bekommen beim Lesen dieses Buches einen guten technischen Überblick zu einem extrem breiten Themengebiet. Nachdem Sie dieses Werk gelesen haben, können Sie Stammtischaussagen mit Fakten kontern.

Dazu müssen Sie weder Atomphysiker sein, noch technische Vorkenntnisse haben. Fragen und Antworten zu Streitthemen wie Reichweite oder

Ökologie von Elektroautos werden erörtert, aber auch kritisch hinterfragt. Insgesamt werden 40 Fragen zu den Zukunftsthemen „Autonomes Fahren" und „Elektroauto" mit einfachen Worten beantwortet. Falls kein Wissen zu den genannten Themen vorliegt, empfiehlt es sich, mit den ersten Kapiteln im jeweiligen Bereich zu beginnen. Wenn Grundkenntnisse vorhanden sind, können Fragen auch beliebig übersprungen werden.

Die meisten Pkw-Nutzer möchten nur von A nach B kommen. Allerdings muss dazu erst ein Auto vorhanden sein. Beim Kauf ist deshalb in Zukunft etwas technisches Grundlagenwissen sinnvoll, da Sie keine versteckten Überraschungen erleben möchten. Ebenfalls wichtig für den Käufer sind der Preis und die laufenden Kosten der neuen Elektroautos. Häufiges Gegenargument sind die hohen Anschaffungskosten. Dabei wissen die wenigsten, dass es dank Kaufprämie, Steuerbefreiung und niedrigen Unterhaltungskosten in einigen Fällen bereits schon jetzt günstiger ist, auf ein Elektroauto zu setzen.

Wenn der Schlüssel vom Auto übergeben wurde, kann es losgehen - vorausgesetzt der Akku ist voll. Deswegen müssen Sie früher oder später Strom tanken. Bei E-Autos stellt sich die Frage, wo und wie lange man das Auto laden muss. Im Extremfall kann der Ladevorgang nämlich länger als einen vollen Tag benötigen. An der richtigen Ladestation kann dies jedoch theoretisch über 100 Mal schneller erfolgen.

Dieses Buch geht aber nicht nur auf die technischen Details zukünftiger Automobile ein, sondern thematisiert auch gesetzliche Regelungen. Nicht jeder weiß, was beim autonomen Fahren laut deutschem Gesetz zulässig ist und wer bei Unfällen aktuell und zukünftig haften wird. Neben technischen und gesetzlichen Inhalten werden auch moralische Fragen diskutiert. Bis heute sind philosophische Problemstellungen und Dilemmata vorhanden. Viele von ihnen werden zwar in den Medien übertrieben dargestellt, dennoch sollten Nutzer eines autonomen Autos wissen, wie es in Notsituationen reagiert. Bei einem selbstfahrenden Fahrzeug hat er nämlich keinerlei Einfluss auf das Fahrverhalten und wird deswegen zum passiven Passagier.

2 Autonomes Fahren

2.1.1   Was bedeutet autonomes Fahren überhaupt?

Der Begriff „Autonomes Fahren" ist in den letzten Jahren in aller Munde, nicht zuletzt aufgrund der Schlagzeilen des Autoherstellers Tesla und dessen Geschäftsführer Elon Musk. Dabei wissen die wenigsten, was autonomes Fahren ist und wie man es definiert.

Das Wort „autonom" stammt aus dem Griechischen und bedeutet „selbstständig", weshalb autonome Fahrzeuge auch als selbstfahrende Autos bezeichnet werden. Damit das Fahrzeug eigenständig fahren kann, werden Systeme benötigt, welche die Aufgaben des Fahrers übernehmen.

Sogenannte Fahrerassistenzsysteme unterstützen den Fahrer bereits seit Jahrzehnten beim Fahren und Parken. Sie erhöhen den Komfort oder steigern die Sicherheit im Fahrbetrieb. In kritischen Situationen stabilisieren sie das Fahrzeug wie zum Beispiel bei einer Vollbremsung (*ABS*) oder beim Ausbrechen des Fahrzeugs (*ESP*).

Fahrerassistenzsysteme werden stetig weiterentwickelt, weshalb sie immer komplexere Aufgaben übernehmen können. Ein gutes Beispiel ist ein „Tempomat", der das Fahrzeug ohne Beihilfe des Menschen auf eine konstante Geschwindigkeit regelt. Die Weiterentwicklung ist ein Abstandsregeltempomat. Er ermöglicht ebenfalls eine Fahrt mit konstanter Geschwindigkeit und hält einen definierten Mindestabstand zu dem vorausfahrenden Fahrzeug. Autobahnfahrten können dadurch deutlich angenehmer werden, da monotone Aufgaben (teil-)automatisiert werden.

Um den Übergang von nicht automatisierten Fahrzeugen zu autonomen Fahrzeugen zu beschreiben, können Pkws in sechs unterschiedliche Stufen der Autonomie eingeteilt werden.

Automat-sierungs-stufe	Name	Beschreibung	
			Kontrolle durch Fahrer
Menschlicher Fahrer überwacht die Umgebung			
0	Keine Automation	Das Fahrzeug wird jederzeit vom Fahrer gesteuert.	
1	Fahrerassistenz-systeme	Fahrerassistenzsysteme unterstützen (zeitweise) den Fahrer beim Lenken oder Beschleunigen / Abbremsen. Der Fahrer übernimmt alle verbleibenden Aufgaben.	
2	Teil-automatisiert	Fahrerassistenzsysteme unterstützen (zeitweise) den Fahrer beim Lenken und Beschleunigen / Abbremsen. Währenddessen muss der Fahrer alle weiteren Aufgaben übernehmen.	
Das Fahrzeug überwacht die Umgebung			
3	Bedingte Automatisierung	Das Fahrzeug übernimmt (zeitweise) alle Aufgaben, die zum Fahren notwendig sind. Der Fahrer muss die Umgebung nicht mehr überwachen. Es wird jedoch erwartet, dass er innerhalb eines definierten Zeitraums reagieren und gegenenfalls die Kontrolle übernehmen kann.	
4	Hoch-automatisiert	Das Fahrzeug übernimmt alle Aufgaben, die zum Fahren notwendig sind. Der Fahrer muss die Umgebung nicht mehr überwachen. Es wird nicht erwartet, dass er innerhalb eines definierten Zeitraums reagiert.	
5	Voll-automatisiert	Das Fahrzeug übernimmt dauerhaft alle Aufgaben, die zum Fahren notwendig sind. Es wird kein Fahrer benötigt.	**Kontrolle durch Fahrzeug**

Basierend auf: SAE J3016

Je nach Art und Umfang der Unterstützung lässt sich bereits von „Teilautomatisierung" (Stufe 2) oder „bedingter Automatisierung" (Stufe 3) sprechen, wie zum Beispiel beim „automatischen Einparken". Dort werden verschiedene komplexe Aufgaben, wie Lenken und Beschleunigen vom Fahrzeug übernommen, sodass der Fahrer das Auto für eine gewisse Zeit nicht steuern muss.

Durch die Weiterentwicklung und Kombination von Fahrerassistenzsystemen ist es möglich, dass Fahrzeuge mehr und mehr Kontrolle über den Fahrvorgang übernehmen. Wenn das Auto komplett eigenständig fährt, wird es als „hochautomatisiert" (Stufe 4) oder „vollautomatisiert" (Stufe 5) bezeichnet. Der Unterschied zwischen den letzten beiden Begriffen liegt darin, dass beim hochautomatisierten Fahren weiterhin ein Fahrer vorhanden sein muss. Vollautomatisierte Fahrzeuge hingegen sind fahrerlos.

Die Einteilung erfolgt basierend auf den Aufgaben, die vom Fahrzeug übernommen werden und in Abhängigkeit von der Überwachung dieser automatisierten Vorgänge. Das bedeutet konkret, der Automatisierungsgrad schreitet voran, je weniger der Fahrer machen muss. Die Stufen 1 bis 5 können stark vereinfacht mit „Füße weg, Hände weg, Augen weg, Kopf weg, Fahrer weg" beschrieben werden.

Wenn der Fahrer aufgrund eines Abstandsregeltempomaten weder Gas geben noch Bremsen muss, handelt es sich um die Automatisierungsstufe 1. Falls dank eines Spurhalteassistenten die Hände vom Lenkrad genommen werden können, geht man mindestens von einer „Teilautomatisierung" (Stufe 2) aus.

Aktuelle Fahrzeuge (Stand: Anfang 2020), die in den Städten und auf den Autobahnen zu sehen sind, besitzen die Automatisierungsstufe 2 oder niedriger.

Ab Stufe 3 muss der Fahrer die Umgebung (zeitweise) nicht mehr überwachen. In Stufe 4 wäre es möglich, dass der Fahrer bereits hinter dem Steuer schläft. Wohingegen in der höchsten Stufe 5 kein Lenkrad und Gaspedal vorhanden ist.

Fazit: Autonomes Fahren fängt bei einfachen Fahrerassistenzsystemen an und endet bei vollautomatisierten Fahrzeugen, die ohne Fahrer an ihr Ziel gelangen. Um zu unterscheiden, von welchem Grad der Automatisierung die Rede ist, gibt es sechs fest definierte Autonomiestufen von 0 (keine Automation) bis 5 (vollautomatisiert). Wenn in den Medien von autonomen Fahrzeugen berichtet wird, ist meistens Stufe 4 und 5 gemeint.

2.1.2 Wie funktioniert ein autonomes Fahrzeug?

Autonome Fahrzeuge müssen, genauso wie der Mensch, die Umgebung wahrnehmen, interpretieren und auf sie reagieren.
Beim Ausparken wirft der menschliche Fahrer einen Blick nach hinten, vorne und zur Seite. Er schaut also, was sich um ihn herum befindet. Autonome Fahrzeuge machen genau dasselbe mit Sensoren. Sie erfassen die gesamte Umgebung des Fahrzeugs mehrere Male in der Sekunde. Verwendet werden dafür unter anderem Kamerasysteme, die am ehesten mit dem menschlichen Auge vergleichbar sind.

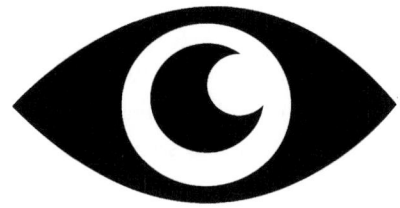

Neben Kameras werden weitere Sensoren verwendet, um die Abstände zu Objekten zu bestimmen und deren Geschwindigkeit zu berechnen (*Radar*, *Lidar*, *Ultraschall*). In diesem Bereich sind sie bereits jetzt schon besser als der Mensch. Sensoren können die Entfernungen auf wenige Zentimeter genau ermitteln, wohingegen der Mensch häufig mehrere Meter daneben liegt.
Ebenso fällt es dem Fahrer schwer, Geschwindigkeiten vorausfahrender Fahrzeuge auf der Autobahn einzuschätzen, wobei Sensoren auch hier hochgenaue Ergebnisse abliefern können.

Jeder Sensor deckt einen bestimmten Bereich ab. Falls einer der Sensoren ausfällt, werden die Informationen von einem zweiten Sensor ermittelt, der denselben oder ähnlichen Bereich erfasst. Durch die heutige Technik lässt sich somit die Umgebung sehr genau wahrnehmen.

Detektionsbereiche unterschiedlicher Sensoren eines autonomen Fahrzeugs

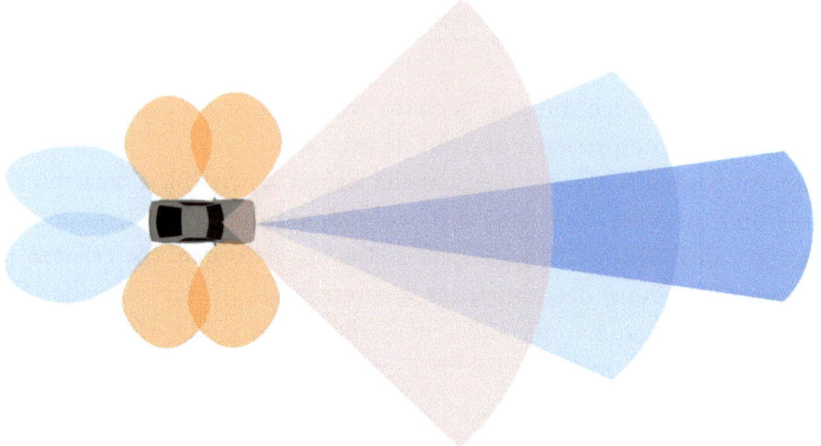

Das alleine reicht jedoch noch nicht aus, um an einen bestimmten Zielort zu fahren - möglich ist dies erst mit *digitalem Kartenmaterial*. Damit das Fahrzeug weiß, wo es sich befindet, wird *GPS* benötigt. Sowohl Kartenmaterial als auch Positionsbestimmungssysteme werden bereits seit mehreren Jahrzehnten in Navigationsgeräten verwendet - zukünftig müssen sie allerdings noch genauer und zuverlässiger werden.

Aber auch neue Technologien werden sich durchsetzen: Um einen Stau hinter einer Kurve rechtzeitig zu erkennen, wird zukünftig eine Kommunikation zwischen den Fahrzeugen stattfinden (*Car2Car*, *Car2x*). Im Stau stehende Pkws können in solchen Fällen auffahrende Autos rechtzeitig warnen und dadurch Unfälle vermeiden.

Nachdem der Mensch oder das autonome Fahrzeug die Umgebung erfasst hat, werden die Informationen analysiert und interpretiert. Dies macht beim Menschen das Gehirn, indem das Wahrgenommene mit vergangenen Erfahrungen verglichen wird. Ein auf die Straße laufendes Kind wird als Gefahr erkannt, wohingegen eine Plastiktüte auf der Straße im Idealfall als unkritisch bewertet wird. Das Objekt wird darauffolgend als kritisch oder unkritisch eingestuft.

Das Gehirn eines autonomen Fahrzeugs ist ein Computer, der mit komplexen mathematischen Modellen (*Algorithmen*, *Machine Learning*, *Künstliche Intelligenz*) die aktuelle Fahrsituation einschätzt. Dieses System ist lernfähig und kann mit zunehmender Erfahrung bessere Entscheidungen treffen. Ähnlich wie bei einem Fahranfänger benötigt es Übung, um in diversen Situationen richtig zu reagieren. Zukünftige autonome Fahrzeuge werden vom Hersteller bereits vorab trainiert, damit der Nutzer von vornherein sicher unterwegs ist.

Sobald der Mensch die Situation erkannt und verstanden hat, reagiert er und passt sich dieser an. Im konkreten Fall betätigt er das Gaspedal, die Bremse oder nutzt das Lenkrad, um auszuweichen.

Beim autonomen Fahrzeug ist der zentrale Computer mit dem Antrieb, der Bremse und dem Lenksystem verbunden und kontrolliert diese. Dennoch muss der Fahrer aktuell laut deutschem Gesetz jederzeit in der Lage sein, das System zu übersteuern oder abzuschalten.

Fazit: Autonome Fahrzeuge nehmen ihre Umgebung mit Sensoren wahr und interpretieren die aktuelle Lage. Zur Beurteilung der Fahrsituation werden lernende Systeme verwendet, die ähnlich wie der Mensch mit zunehmender Erfahrung sicherer werden und somit bessere Ergebnisse erzielen können.

2.1.3   Welche Vor- und Nachteile hat das autonome Fahren?

In Deutschland sterben jeden Tag ungefähr zehn Menschen bei einem Autounfall. Medien und auch diverse Experten vermitteln den Eindruck, dass mit selbstfahrenden Autos ein nahezu unfallfreier Verkehr möglich sei. In den nächsten Jahrzehnten wird dies zwar nicht der Fall sein, dennoch werden zukünftig weniger Menschen im Straßenverkehr umkommen. Denn bereits heutzutage ist die Zahl der Getöteten im Straßenverkehr dank moderner Fahrerassistenzsysteme deutlich niedriger als im 20. Jahrhundert. Langfristig wird sich dieser Trend fortsetzen, da derzeit fast alle Unfälle auf menschliches Fehlverhalten zurückzuführen sind.

Neben der Sicherheit soll auch die Effizienz auf der Straße steigen. Das bedeutet, es wird weniger Staus geben. Aufgrund eines Informationsaustausches zwischen den Fahrzeugen werden Autos bei Engpässen rechtzeitig umgeleitet. Im Idealfall wird zum Wohle aller, nicht individuell, sondern gesamtheitlich ein höherer Verkehrsfluss erreicht. Das bedeutet, mit autonomen Fahrzeugen soll das Ziel im Schnitt in kürzerer Zeit erreicht werden. Dazu trägt auch die Parkplatzsuche bei, welche beim vollautomatisierten Fahren auch ohne Passagier erfolgen wird. Statt durch die halbe Stadt zu fahren, um einen passenden Parkplatz zu finden, wird uns in Zukunft das vollautomatisierte Fahrzeug am gewünschten Zielpunkt aussteigen lassen und selbstständig eine Parklücke finden.

Durch die steigende Effizienz und schnellere Parkplatzsuche wird laut dem Verband der Deutschen Automobilwirtschaft (VDA) der CO_2-Ausstoß reduziert.

Wir haben aber nicht nur kürzere Fahrzeiten, sondern auch eine angenehmere Zeit im Auto. Während der Fahrt können wir schlafen, mit den anderen Passagieren reden oder ein Buch lesen. Eintönige Fahrten zum Urlaubsziel gehören somit der Vergangenheit an.

Dieser Punkt betrifft vor allem auch den Güterverkehr. Es wird kein Fahrer mehr benötigt, der Ware von Münster nach München oder Marseille fährt. In Zukunft wird der LKW von alleine fahren.

Fahrunfähige Menschen wie Kinder, Gebrechliche und Betrunkene können zukünftig autonome Fahrzeuge mit ihrem Smartphone per App bestellen und werden sicher zu ihrem Ziel gebracht. Dadurch werden wir Menschen freier, flexibler und unabhängiger. Falls das Kind morgens den Bus zur Schule verpasst, wird es selber ein selbstfahrendes Auto rufen können und noch rechtzeitig zum Unterricht erscheinen. Dasselbe gilt für alkoholisierte Menschen, die sicher nach Hause kommen und dabei keine anderen Menschen gefährden werden.

Auf lange Sicht wird sich das Stadtbild verschönern, da autonome Fahrzeuge digitale Karten besitzen und Ampeln bzw. Schilder auch digital berücksichtigen werden. Das bedeutet, Hinweisschilder werden nicht mehr nötig sein, da das Auto über das Internet auf die Informationen zugreifen kann. Bei heutigen Navigationsgeräten sind bereits Geschwindigkeitsgrenzen hinterlegt, die dem Fahrer als zusätzliche Information zur Verfügung stehen. Bei automatisierten Fahrzeugen können die digitalen Tempolimits tatsächlich berücksichtigt werden, sodass Verkehrsschilder obsolet werden.

Doch was passiert bei technischen Problemen? Autonome Fahrzeuge können gehackt werden. Das bedeutet, es wird schädliche Software installiert, die den Angreifern erlaubt, Daten zu stehlen oder die Kontrolle des Fahrzeugs zu übernehmen. Sogenannte „Bugs", also Fehler in der Software des autonomen Fahrzeugs, können zu tragischen Unfällen führen.

Falls es einen technischen Defekt gibt, wird es für den Nutzer aufgrund der erhöhten Komplexität umso schwerer, das Problem zu lösen. Ein gutes Beispiel sind alte Fahrzeuge, die man früher selber reparieren konnte. Beschädigungen an heutigen Modellen lassen sich hingegen aufgrund von komplexer Elektronik ohne weitere Hilfe nur noch selten beheben. Der Mensch wird somit abhängiger von der Technik.

Ein weiterer kritischer Punkt ist das Sammeln von Daten. Bereits heutzutage werden die Informationen genutzt, die wir am Smartphone oder bei

Suchanfragen im Internet preisgeben. In den meisten Fällen stimmen wir ausdrücklich zu, wie zum Beispiel beim Herunterladen einer App. Auch die Automobilindustrie ist an unseren Daten interessiert. Standortinformationen in Kombination mit dem Zeitpunkt sind interessante Daten und können an Dritte weiter verkauft werden. Konkret formuliert: Unsere Privatsphäre wird mehr und mehr eingeschränkt.

Des Weiteren werden aufgrund der Hardware zusätzliche Kosten bei autonomen Fahrzeugen entstehen. Die Investitionskosten eines Fahrzeugs sind bereits jetzt schon höher, wenn zusätzliche Fahrerassistenzsysteme gewünscht sind. Neben weiteren Sensoren steckt viel Aufwand und Entwicklungsarbeit in der Software autonomer Fahrzeuge, welche vom Käufer bezahlt werden muss. Es wird also einen Aufpreis für diverse Systeme geben, bis diese über kurz oder lang in der Standardausstattung enthalten sind. Ein gutes Beispiel dafür ist *ESP*, das seit 2014 bei allen neu zugelassenen Pkws innerhalb der EU verbaut werden muss und keinen zusätzlichen Aufpreis kostet. Die Kosten sind nämlich schon im Fahrzeugpreis einkalkuliert.

Alle Autoliebhaber und Menschen, die ihr Auto gerne selber steuern, werden autonome Fahrzeuge vorerst meiden. Besonders anfangs entsteht durch den Kontrollverlust ein ungutes Gefühl. Doch keine Sorge - wer vorerst weiterhin selber fahren möchte, kann dies die nächsten Jahrzehnte tun. Danach wird es voraussichtlich gesetzliche Regulierungen geben, die das Steuern des Pkws verbietet, da eine erhöhte Unfallgefahr vorliegt.

Fazit: Autonomes Fahren wird den Personenverkehr als auch Gütertransport fundamental verändern. Dies bringt etliche Vorteile, aber auch einige Nachteile mit sich. Die Sicherheit wird steigen und wir werden mehr freie Zeit im und außerhalb vom Auto haben. Auch die Möglichkeiten für fahrunfähige Menschen werden zunehmen. Andererseits nimmt die Abhängigkeit von der Technik zu. Des Weiteren wird der Kontrollverlust vor allem am Anfang ein Unbehagen in uns hervorrufen.

2.1.4 Wann wird es autonome Fahrzeuge geben?

Autonomes Fahren ist ein breites und hochinteressantes Gebiet, bei dem aktuell eine hohe Konkurrenz zwischen Autoherstellern, Zulieferern, IT-Unternehmen und Startups herrscht. Viele Experten, Medien und Marketingabteilungen diverser Unternehmen verbreiten stark voneinander abweichende und teilweise widersprüchliche Informationen über die Zukunft des autonomen Fahrens. Ein Grund für die unterschiedlichen Aussagen ist der dehnbare Begriff des „Autonomen Fahrens". Deshalb wird in diesem Kapitel explizit zwischen den einzelnen Stufen der Automatisierung (siehe. Kapitel 2.1.1) unterschieden und deren voraussichtlicher Markteintritt diskutiert.

Aktuell sind vorwiegend Fahrzeuge der Stufe 0, 1 und 2 auf den Straßen. Der Autohersteller Audi wirbt bereits, dass deren Modell A8 mit einem *Stauassistent* Autonomiestufe 3 erreichen kann. Laut Audi ermöglicht das System ein selbständiges Anfahren, Beschleunigen, Lenken und Bremsen. Eine dauerhafte Überwachung vonseiten des Fahrers ist nicht notwendig. Er kann sich einem Film oder einer anderen Tätigkeit widmen.

Jedoch sind zum jetzigen Zeitpunkt (Stand: 2019) nur autonome Fahrzeuge der Stufe 3 und 4 zulässig, vorausgesetzt die Geschwindigkeit liegt unter 12 km/h. Damit ist beispielsweise ein *Parkassistent* realisierbar, nicht jedoch ein *Stauassistent* wie beim Audi A8, weshalb die Funktion in Deutschland vorerst nur eingeschränkt für den Kunden verfügbar ist. In diesem Fall sind die gesetzlichen Änderungen langsamer als die technischen Fortschritte. Fahrerlose Autos, also Fahrzeuge der Stufe 5, sind in Deutschland aktuell nicht zulässig. In Ländern wie China und Amerika sind die Gesetze hinsichtlich autonomen Fahrens fortgeschrittener. In Washington ist es bereits seit 2017 möglich Tests mit Fahrzeugen der Stufe 5 ohne Fahrer auf öffentlichen Straßen zu machen. Auch in anderen amerikanischen Bundesstaaten ist die Gesetzgebung weiter vorangeschritten als in Deutschland.

Geforscht wird aktuell an Fahrzeugen der Stufe 3 bis 5. In den nächsten Jahren werden Serienfahrzeuge der Stufe 3 auf den Markt kommen. Aktuell hindert dies die Gesetzeslage bei Geschwindigkeiten oberhalb von 12 km/h, jedoch soll die maximale Geschwindigkeit für hochautomatisierte Autos in naher Zukunft auf 130 km/h angehoben werden. Erst dann dürfen *Autobahnassistenten* die Kontrolle bei hohen Geschwindigkeiten übernehmen, ohne dabei dauerhaft überwacht werden zu müssen.

Diverse Autohersteller haben ambitionierte Ziele und wollen ab 2020 Modelle mit Autonomiestufe 4 auf den Markt bringen. Es ist jedoch realistischer, dass hochautomatisierte Serienfahrzeuge ab 2025 angeboten werden. Waymo, die Tochtergesellschaft von Alphabet, zu der auch Google gehört, ermöglicht Privatpersonen seit Dezember 2018 die Nutzung hochautomatisierter *Robotertaxis* gegen Gebühr. Noch im Jahr 2020 sollen die Sicherheitsfahrer, die im Notfall eingreifen, nicht mehr benötigt werden. Somit steht dem vollautomatisierten Fahren nichts mehr im Weg. Der Service ist aktuell auf wenige amerikanische Städte beschränkt.

In der nachfolgenden Abbildung wird ein Überblick gegeben, wann welche Automatisierungsstufe voraussichtlich auf dem deutschen Markt erscheinen wird. Die Angaben in der Zukunft basieren auf den Prognosen diverser Automobilhersteller.

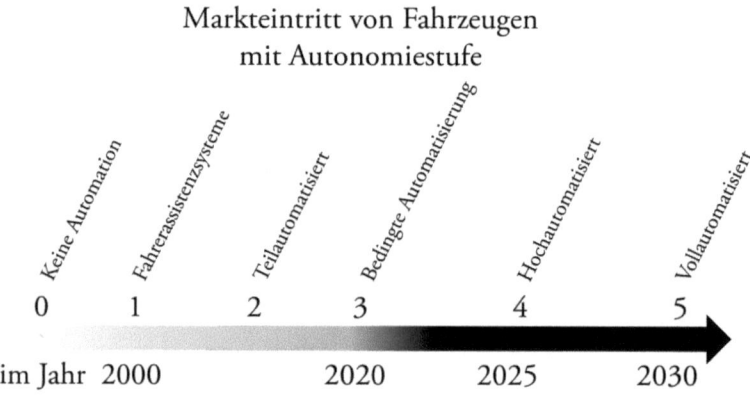

Neben autonomen Bussen, die immer dieselben Strecken abfahren, werden Robotertaxis und LKWs in der Logistik die ersten Fahrzeuge mit Autonomiestufe 5 sein. Erst danach setzen sich vollautomatisierte Fahrzeuge in der Premiumklasse durch. Anschließend wird bei Mittelklassewagen und Kleinwagen die Zusatzausstattung verfügbar sein, welche ein vollautomatisiertes Fahren ermöglicht.

Das „Prognos"-Forschungsinstitut untersucht den Wandel von traditionellen zu autonomen Fahrzeugen. Im Bericht von August 2018 wird der Bestand von Fahrzeugen mit Autobahnpiloten, Citypiloten und Tür-zu-Tür-Piloten für das Jahr 2050 vorhergesagt. Dabei werden laut „Prognos" lediglich 4 Prozent aller Autos in Deutschland einen Tür-zu-Tür-Piloten haben, der Fahrten auf der Autobahn, in der Stadt sowie auf der Landstraße autonom ermöglicht. 15 Prozent der Fahrzeuge werden einen Citypilot und Autobahnpilot besitzen und weniger als ein Viertel aller Autos in Deutschland nur einen Autobahnpiloten. Demnach hat selbst in 30 Jahren mehr als die Hälfte der Fahrzeuge kein System an Bord, das uns die verhältnismäßig einfache Aufgabe, das Fahren auf der Autobahn, abnimmt.

Es wird in den nächsten Jahrzehnten also einen schleichenden Wandel von traditionellen zu vollautonomen Fahrzeugen geben. Auf den Straßen werden somit weiterhin für einen sehr langen Zeitraum Pkws unterschiedlicher Automatisierungsstufen fahren.

Fazit: Auch wenn das Thema „autonomes Fahren" überall in den Medien ist, werden sich autonome Fahrzeuge der Stufen 3 bis 5 nur sehr langsam verbreiten. Aktuelle Pkws können der Stufe 2 und niedriger zugeordnet werden. Modelle der Stufe 3 werden in den nächsten Jahren auf den Markt kommen, wohingegen automatisierte Pkws mit Stufe 4 und 5 voraussichtlich nicht vor 2025 bzw. 2030 zu kaufen sein werden.

2.1.5 Was werden autonome Fahrzeuge kosten?

Korrekterweise sollte die Frage lauten: „Welchen Aufpreis kosten die Systeme, die durch zusätzliche Hard- und Software autonomes Fahren ermöglichen"?

Eine simple Antwort wäre:
„Die zusätzliche Hardware kostet deutlich mehr Geld als wir es gerne hätten."
Der Zulieferer Bosch verbaute vor einigen Jahren Technik im Wert von einer halben Millionen Euro in ihren Forschungsfahrzeugen. Auch Waymo hat vor einiger Zeit nachträgliche Technik für  150.000 Dollar in ihre Fahrzeuge eingebaut, wovon bereits die Hälfte der Kosten auf einen einzigen _Lidar_-Sensor fielen.

Der amerikanische Autobauer Tesla geht einen anderen Weg und verwendet keine teuren _Lidar_-Sensoren, sondern versucht mit günstigeren Sensoren selbstfahrende Autos zu entwickeln. Einer der Gründe sind sicherlich die enorm hohen Kosten der Technologie. Laut Elon Musk reichen deutlich günstigere Kamera- und _Radarsensoren_ für selbstfahrende Autos aus, da der Mensch auch nur Augen hat und den Abstand zu Objekten ebenfalls nicht hoch genau ermitteln kann. Auch das chinesische Unternehmen Baidu experimentiert mit Fahrzeugen, die nur Kameras zur Umfelderkennung nutzen.

Alle anderen Autohersteller verbauen zusätzliche _Lidar_-Sensoren, welche im Vergleich zu vor 5 Jahren inzwischen deutlich günstiger geworden sind und je nach Variante nur noch wenige Tausend Euro kosten.

Aktuell werden die Extrakosten für zukünftige hoch- und vollautomatisierte Fahrzeuge deswegen auf 10.000 bis 20.000 Euro geschätzt.

Kaum ein Pkw-Nutzer wird an solch teuren Systemen interessiert sein, insbesondere nicht bei günstigen Kleinwagen oder Autos der Kompaktklasse. Laut Bosch wäre der durchschnittliche Käufer bereit, zusätzliche 3.000 bis 5.000 Euro für hochautomatisierte Systeme auszugeben. Deswegen zielen Autobauer auf Käufer von Fahrzeugen im hochpreisigen Segment ab. Nutzer der Premiumklasse sind nämlich eher geneigt, einen Aufpreis für die neuste Technik zu bezahlen.

Besitzer von Kompaktklassewagen, die nicht über das nötige Geld verfügen, können sich dennoch bald von Robotertaxis chauffieren lassen.

Deswegen stellt sich in der Zukunft auch die Frage, ob vollautomatisierte Fahrzeuge von Privatpersonen überhaupt gekauft werden. Bis es Autos mit einer Automatisierungsstufe 5 gibt, werden Carsharing-Dienste deutlich populärer sein, weshalb aktuell unklar ist, ob Privatpersonen weiterhin ihre Fahrzeuge besitzen möchten oder es auch regelmäßig ausleihen würden.

Alternativ gibt es in manchen Städten bereits autonome Busse, die uns gegen eine geringe Gebühr hoch- oder vollautomatisiert zu unserem Ziel bringen.

Wer allerdings zeitnah ein (teil-)automatisiertes Fahrzeug besitzen möchte, der kann sich beim nächsten Autokauf über fortgeschrittene Fahrerassistenzsysteme informieren. *Parkassistenten* gibt es bereits für unter 200 Euro. *Spurhalteassistenten* für die Autobahn liegen aktuell bei 300 bis 400 Euro.

Fazit: Hochautomatisierte Autos werden anfangs einen Aufpreis von 10.000 Euro und mehr gegenüber der nicht automatisierten Variante aufweisen. Der durchschnittliche Käufer würde jedoch nur 3.000 bis 5.000 Euro Aufschlag zahlen. Über die Zeit wird der Preis der zusätzlichen Hardware sinken. Falls Sie bis dahin nicht warten möchten, können sie bald autonome Busse oder Robotertaxis nutzen, um autonom unterwegs zu sein.

2.1.6 Wie sicher ist autonomes Fahren?

Die Deutschen stehen den selbstfahrenden Autos skeptisch gegenüber. 7 von 10 würden sich in vollautomatisierte Fahrzeugen nicht sicher fühlen. Dabei wäre jeder zweite Befragte beruhigt, wenn die Sicherheit des Fahrzeugs nachgewiesen wird. Aktuell ist dies nur schwer möglich, da zu wenige Erfahrungen mit hochautomatisierten Fahrzeugen gesammelt wurden.

Das amerikanische Unternehmen Waymo ist mit seinen autonomen Fahrzeugen bereits mehr als 30 Millionen Kilometer gefahren - ohne Verwicklung in einen tödlichen Unfall. Statistiken aus den USA zeigen, dass alle 140 Millionen gefahrene Kilometer mit einem üblichen Pkw durchschnittlich eine Person aufgrund eines Unfalls stirbt. Aus diesem Grund reichen die Erfahrungswerte aktuell nicht aus, um die Sicherheit aktueller Testfahrzeuge zu beurteilen.

Grundsätzlich kann aber über das Potential diskutiert werden. Denn aktuell entstehen 9 von 10 Unfälle auf der Straße aufgrund von menschlichem Versagen. Der Mensch überschätzt sich - Müdigkeit, Alkohol oder ein Blick auf das Handy haben viele Autofahrer bereits einmal in eine kritische Situation gebracht. Auch die Schrecksekunde wird es bei autonomen Fahrzeugen nicht mehr geben.

Wissenschaftler haben zwei unterschiedliche Szenarien durchgespielt, bei dem die Anzahl der Verkehrstoten untersucht wurden. Im ersten Fall werden automatisierte Fahrzeuge ständig weiterentwickelt und von Beginn an auf den Straßen erlaubt sein. Dadurch können theoretisch bis ins Jahr 2070 über eine Million Menschenleben alleine in den USA gerettet werden. Im zweiten Szenario werden selbstfahrende Autos bis 2040 perfektioniert und erst dann auf den Straßen zugelassen. Bis 2070 würden dadurch 600.000 tödliche Unfälle verhindert werden.

Die Prognose unterstützt somit die steigende Sicherheit autonomer Fahrzeuge und empfiehlt deren Einsatz, sobald die Unfallrate 10 Prozent niedriger als beim Menschen ist.

Die Zahl der bei Verkehrsunfällen Getöteten sinkt also aufgrund von technischen Fortschritten. Dies zeigt auch die im Diagramm dargestellte Statistik von den letzten 30 Jahren, bei der die Anzahl der tödlichen Unfälle um zwei Drittel gesunken ist. Die Hauptgründe sind immer fortschrittlichere Fahrerassistenzsysteme sowie aktive und passive Sicherheitssysteme wie beispielsweise Airbags.

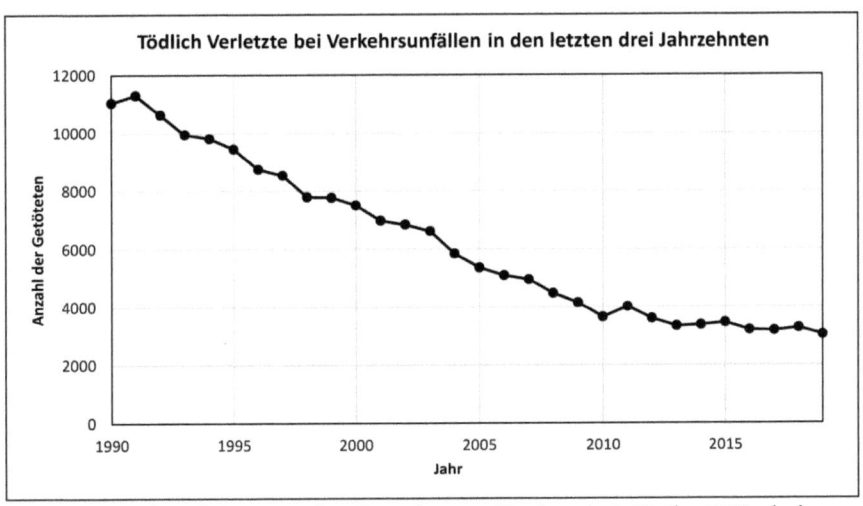

Basierend auf: Statistisches Bundesamt Fachserie 8 Reihe 7 Verkehr

Das Fahrerassistenzsystem *ESP* ist ein gutes Beispiel. Es verhindert das Ausbrechen des Fahrzeugs. Durch diese Funktion können 90 Prozent aller tödlichen Schleuderunfälle verhindert werden, wodurch tausende Menschenleben bereits jetzt schon gerettet wurden.

Nichtsdestotrotz gibt es eine gewisse Skepsis gegenüber autonomen Fahrzeugen. Unser subjektives Sicherheitsgefühl weicht nämlich stark von der realen Sicherheit ab. Viele Menschen haben Angst, wenn sie ins Flugzeug einsteigen, dabei sind Pkws um den Faktor 100 und Motorräder sogar um Faktor 3.000 gefährlicher.

Seltene Unfälle wie der Todesfall einer Passantin, die von einem autonomen Fahrzeug des Unternehmens Uber angefahren wurde, erzeugen eine starke Verunsicherung in der Gesellschaft. Die Akzeptanz selbstfahrender Autos nimmt aufgrund solcher Einzelfälle enorm ab. Gleichzeitig leidet das Image des Unternehmens darunter, weshalb die Autohersteller solche Fälle möglichst verhindern möchten.

Diverse Fälle haben gezeigt, dass der Übergang zum autonomen Fahren zusätzliche Unfälle verursachen kann, da ein Eingreifen und Übernehmen der Kontrolle des Fahrzeugs durch einen menschlichen Fahrer problematisch ist. Die Person hinter dem Steuer muss insbesondere bei Fahrzeugen der Stufe 2 und 3 reagieren können. Tut sie das nicht, kann es zu tödlichen Unfällen kommen wie bei einem Tesla-Besitzer in Amerika, der die Warnsignale ignoriert hat.

Im nächsten Jahrzehnt können deswegen Unfälle geschehen, die mit einem konventionellen Auto nicht passiert wären. Dennoch wird es in Zukunft weiterhin aufgrund moderner Technik weniger tödliche Unfälle geben.

Fazit: Obwohl aktuell zu wenig Daten zu hochautomatisierten Forschungsfahrzeugen vorhanden sind und deswegen die Sicherheit von selbstfahrenden Fahrzeugen aktuell noch nicht belegt werden kann, wird die Sicherheit in Zukunft aufgrund der fortschreitenden Technik im Fahrzeug weiterhin zunehmen. Heutzutage sterben in Deutschland bei Unfällen im Straßenverkehr bereits 70 Prozent weniger Menschen als vor 25 Jahren.

2.1.7 Wie wird im kritischen Extremfall entschieden?

Beim Weichenstellerfall, im Englischen auch Trolley-Problem genannt, muss eine Entscheidung getroffen werden, ob die Weiche eines Gleises umgestellt werden soll, um Menschenleben zu retten. Falls die Weiche nicht umgestellt wird, fährt ein Zug über mehrere auf den Gleisen stehenden Menschen, die beim Zusammentreffen mit dem Zug umkommen. Alternativ kann die Weiche aktiviert werden, die den Zug auf einen Nebengleis umleitet, auf dem nur eine Person steht. Durch den Eingriff würde nur diese eine Person tödlich verunglücken. Nun stellt sich die Frage für welchen Fall sich die verantwortliche Person entscheiden soll. Durch aktives Eingreifen können zwar Menschenleben gerettet werden, jedoch wird der Tod der alleinstehenden Person in Kauf genommen. Man muss somit über Leben und Tod entscheiden.

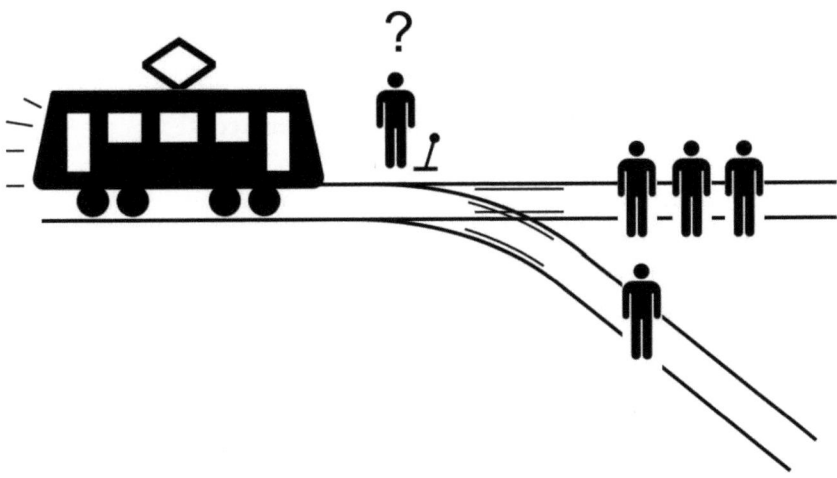

Überträgt man das Problem auf das autonome Fahren, entstehen weitere ethische Fragen. Wer soll geopfert werden? Fußgänger? Fahrer? Kind? Oder jemand, der bei Rot über die Ampel geht? Sind Menschen mit hohem sozialem Status wertvoller? Diese Fragen wurden im Online-Test „Moral Machine" gestellt und Millionen Menschen aus der ganzen Welt haben geantwortet.

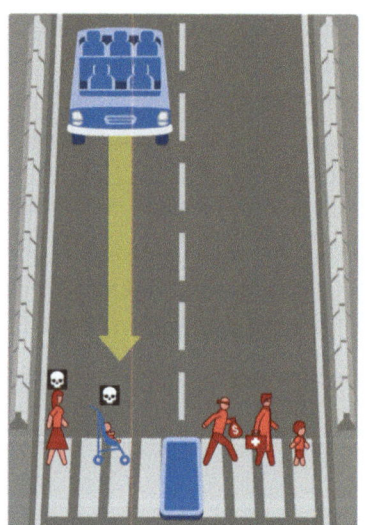

Bildquelle: www.moralmachine.mit.edu

Die Mehrheit der Befragten hat lieber Menschen als Tiere gerettet, möglichst viele Personen anstatt nur wenige und jüngere vor älteren Menschen. Interessanterweise gab es je nach Land teilweise deutlich unterschiedliche Ansichten. Menschen in Venezula würden im Vergleich zu Deutschen Personen mit einem höheren Status eher retten. Gleichzeitig sind Tiere dort wertvoller als in Deutschland.

Wer wird am ehesten gerettet?

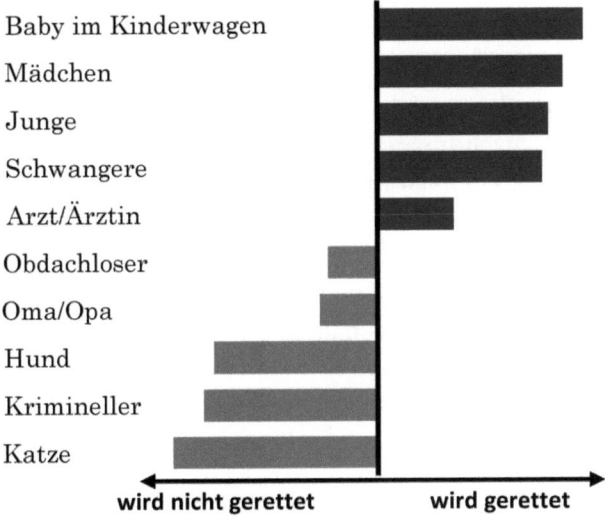

Basierend auf: The Moral Machine experiment. Nature. 2018.

Doch wer soll entscheiden, wie sich das autonome Fahrzeug verhalten soll? Die Bevölkerung des Landes? Der Fahrer? Der Autobauer? Oder Experten? Soll die Entscheidung basierend auf moralischen Prinzipien („Du sollst nicht töten") oder Nutzen (_Utilitarismus_) getroffen werden?

Seit 2016 beschäftigt sich in Deutschland eine Ethikkommission mit moralischen Themen rund um das autonome Fahren und hat bereits 20 Regeln vorgeschlagen. Die wichtigsten Punkte sind:

- Durch autonome Fahrzeuge soll es weniger Unfälle geben
- Die Vermeidung von Personenschaden steht im Vergleich zum Sachschaden an erster Stelle: Das menschliche Leben hat immer Priorität
- Eine Lebenswertanalyse nach Alter, Geschlecht, Status usw. ist untersagt

- Es muss eindeutig geregelt und in einer Blackbox dokumentiert sein, ob der Fahrer oder der Computer für die Fahraufgabe zuständig ist (dient der Klärung möglicher Haftungsfragen)

Aus diesen Regeln lassen sich einige Rückschlüsse ziehen. Es sollen mit autonomen Fahrzeugen insgesamt weniger Unfälle passieren. Dies schließt jedoch nicht zwangsläufig aus, dass speziell durch automatisierte Fahrzeuge zusätzliche Unfälle entstehen dürfen, solange die absolute Anzahl an Unfällen abnimmt. In Fällen, bei denen der Fahrer beispielsweise vom Computer mehrmals aufgefordert wird, das Steuer zu übernehmen, der Fahrer aber nicht reagiert und dadurch ein tragisches Unglück passiert, sind damit laut Ethikkommission noch tolerabel.

Des Weiteren soll der Computer aktuell nicht den Lebenswert einzelner Personen analysieren, sondern wenn überhaupt die Anzahl der Menschenleben aufrechnen und dann abwägen (Weichenstellerfall). Aktuell wird im Normalfall eine Vollbremsung durchgeführt, um möglichst geringe (Personen-) Schäden zu verursachen.

Sobald die Technik in der Lage ist, Menschenleben gezielt zu retten, sollte weiter über die Regularien diskutiert werden. Das Fahrzeug wird in Zukunft beurteilen können, in welchem Fall weniger Personenschäden entstehen würden. Dies sei laut Ethikkommision noch vertretbar.

Ethische Diskussionen beim Thema „Autonomes Fahren" wird es trotz festgelegter Regularien auch in Zukunft geben. Bei diesen interessanten Gedankenexperimenten zum Thema Moral muss jedoch immer die praktische Relevanz hinterfragt werden. Denn wie oft waren Sie in solch einer Situation, in der Sie zwischen zwei unterschiedlichen Menschengruppen abwägen mussten? Selbst in der Fahrschule werden solche Situationen nicht behandelt. Der Grund hierfür ist, dass solche Fälle in der Realität nahezu nie auftreten.

Auch sollte die Frage „Wer soll überfahren werden?" viel eher „Wer soll gerettet werden?" lauten, da selbstfahrende Autos sicherer als der Mensch fahren werden. Bereits heutzutage rettet modernste Technik tausende Menschenleben im Straßenverkehr.

Fazit: Dilemma heißt nicht umsonst Dilemma. Doch die Entscheidung zwischen Pest und Cholera wird beim autonomen Fahren häufig überbewertet, da solche Extremfälle kaum auftreten. Aktuell wird nicht zwischen einzelnen Personen oder Personengruppen abgewogen, sondern im Normalfall einfach nur gebremst. Eine Beurteilung nach Alter, Geschlecht oder sozialem Status ist aufgrund der Unantastbarkeit der Menschenwürde in Deutschland ausgeschlossen.

2.1.8 Wer haftet bei einem Unfall?

Am späten Abend fährt ein autonomes Fahrzeug der Stufe 3 über eine wenig befahrene Straße. Der Autopilot ist aktiv und der Mann hinter dem Steuer schaut auf seinem Handy ein Video an. Aufgrund der Dämmerung sind die wenigen Straßenlaternen bereits an. Da keine Fußgänger zu erwarten sind, fährt das Auto mit ungefähr 60 km/h über die Straße.

Wie aus dem nichts erscheint aus der Dunkelheit eine Fußgängerin. Sie versucht mit ihrem Fahrrad die Fahrbahn zu überqueren und achtet allem Anschein nach nicht auf den Verkehr.

Der Mann im Fahrzeug wendet seine Aufmerksamkeit wieder auf den Verkehr und bemerkt die Fußgängerin wenige Meter vor ihm auf der Straße. Er greift nach dem Lenkrad, doch in dem Moment ist es schon zu spät. Die Fußgängerin stirbt am Unfallort. Im Nachhinein stellt sich heraus, dass der Mann erst nach dem Zusammenprall eine Vollbremsung eingeleitet hat.

Einen ähnlichen Fall gab es im März 2018, bei dem ein autonomes Forschungsfahrzeug des Unternehmens Uber eine Fußgängerin tödlich verletzte. Doch wer ist schuld und wer haftet bei solch einem Unfall? Der Fahrer, Fahrzeughalter, Hersteller des Autos oder die Fußgängerin?

In Deutschland wird bei Unfällen mit Sach- oder Personenschäden zwischen der *Halterhaftung*, der Haftung durch den Fahrzeugführer (Fahrer), sowie *Produzentenhaftung* unterschieden.

Die auf dem Wiener Übereinkommen basierenden deutschen Straßenverkehrsgesetze besagen, dass automatisierte Fahrzeuge zulässig sind, solange die Systeme vom Fahrer übersteuerbar sind. Das geht einher mit einer hohen Verantwortung des Fahrers.

Dennoch muss in kritischen Fällen überprüft werden, wer zum Unfallzeitpunkt das Fahrzeug kontrolliert hat. Laut der Ethikkommission soll bei selbstfahrenden Autos der Stufe 3 und höher der Produzent die volle Haftung übernehmen. Voraussetzung dabei ist allerdings, dass der Autopilot während des Unfalls aktiv ist und der Computer den Fahrer nicht aufgefordert hat, das Steuer zu übernehmen. Wer zu welchem Zeitpunkt das Fahrzeug kontrolliert hat, wird in einem Unfalldatenspeicher, auch „Blackbox" genannt, gespeichert. Falls der Autopilot nicht aktiv war, haftet wie gewohnt der Fahrer bzw. Fahrzeugführer.

Grundsätzlich würde die Kfz-Haftpflichtversicherung des Fahrzeughalters vorerst für den Schaden aufkommen und sich im Falle eines Produktfehlers an den Produzenten wenden. Dies trifft insbesondere auf Fahrzeuge der Autonomiestufe 3 oder höher zu, da dort die Kontrolle vom Auto (zeitweise) übernommen wird und somit der Produzent deutlich mehr Verantwortung hat.

In dem beschriebenen Fall würde in Deutschland zusätzlich eine Mitschuld der Fußgängerin geprüft werden, da kein Fußgängerüberweg vorhanden war und sie deswegen möglicherweise eine Teilschuld trägt.

Da aktuell (Stand: 2019) keine Serienfahrzeuge der Stufe 3 und höher auf deutschen Straßen fahren, ist dieser Fall bis jetzt kaum relevant. Bei teilautomatisierten Fahrzeugen oder Autos mit Assistenzsystemen (Stufe 2 und niedriger) haftet üblicherweise der Fahrer bzw. Halter des Wagens, da er die volle Verantwortung über die Fahrzeugführung hat und die Fahrumgebung permanent überwachen muss. Dies gilt vor allem, wenn der Fahrer vom System gewarnt wird. Besonders im Notfall ist der Fahrer verpflichtet, aktiv einzugreifen und die Kontrolle über das Fahrzeug zu übernehmen.

Bei dem tragischen Unfall eines Tesla-Fahrers in Amerika ist dies nicht geschehen. Der Fahrer hat die Warnungen vom System ignoriert und ist deshalb bei einem Zusammentreffen mit einer Betonbarriere tödlich verunglückt.

In der nachfolgenden Abbildung ist stark vereinfacht dargestellt, in welchem Fall der Fahrer haftet und wann der Produzent in Regress genommen werden kann. Jeder Fall muss individuell betrachtet werden, jedoch stimmt die Aussage: „Je höher der Automatisierungsgrad, desto wahrscheinlicher ist es, dass neben dem Fahrer, auch der Produzent haften muss." Sicherlich gibt es auch Fälle von nicht automatisierten Fahrzeugen (Stufe 0), bei denen der Produzent nach einem Unfall haften musste, da ein Produktmangel vorlag. Deswegen soll das Schema viel mehr eine Orientierung als ein fest in Stein gemeißeltes Gesetz darstellen.

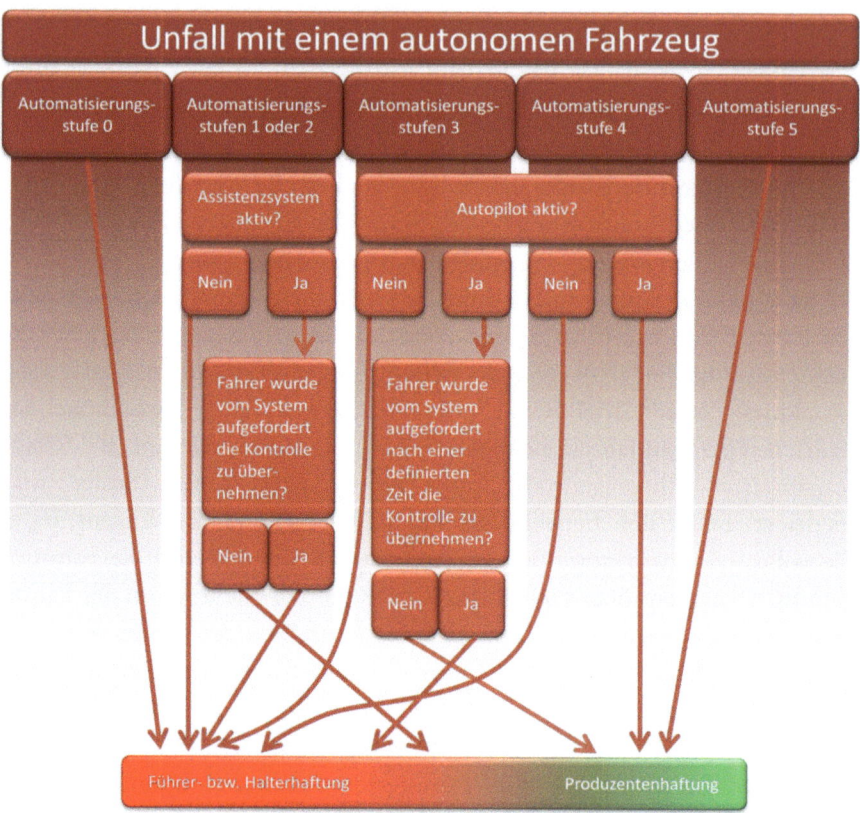

Doch wer war nun in dem geschilderten Fall mit dem Forschungsfahrzeug von Uber verantwortlich? Laut der Blackbox hat der Autopilot das Fahrzeug geführt. Die Sensoren haben die Fußgängerin bereits sechs Sekunden vor dem Unfall als ein „unbekanntes Objekt" identifiziert. Erst eine Sekunde vor der Kollision hat der Computer festgestellt, dass eine Notbremsung notwendig wäre. Der Notbremsassistent war jedoch zu Forschungszwecken deaktiviert und der Testfahrer wurde vom System zu keinem Zeitpunkt gewarnt. Das Unternehmen hat zwei Wochen nach dem Unfall mit den Angehörigen einen außergerichtlichen Vergleich ausgehandelt. Ungefähr ein Jahr nach dem Unfall wurde bekannt, dass es keine strafrechtlichen Folgen für das Unternehmen Uber geben wird. Ob der Testfahrerin eine Anklage wegen fahrlässiger Tötung droht, ist noch ungewiss.

Fazit: Bei Unfällen, die mit einem autonomen Fahrzeug verursacht werden, muss zukünftig untersucht werden, wer das Fahrzeug kontrolliert hat. Falls der Autopilot aktiv war, der Fahrer nicht gewarnt wurde und ein Unfall passiert, kann der Hersteller zur Verantwortung gezogen werden (Produzentenhaftung). Dies gilt vor allem für autonome Fahrzeuge der Stufe 3 und höher. Ansonsten haftet wie bisher der Fahrer (Führer- bzw. Halterhaftung).

2.1.9 Was sind die Herausforderungen für autonome Fahrzeuge?

Obwohl es in den letzten Jahren deutliche Fortschritte in der Sensorik und vor allem im Bereich der *„Künstlichen Intelligenz"* gab, bestehen weiterhin große Herausforderungen.

Nicht ohne Grund testen die meisten Unternehmen ihre Forschungsfahrzeuge in den sonnigen Bundesstaaten Amerikas. Nebel, Schnee und Glatteis gibt es dort nicht. Die meisten Sensoren haben wie auch der Mensch Probleme, wenn die Sicht zum Beispiel durch strömenden Regen stark eingeschränkt ist. Zwar hilft *digitales Kartenmaterial*, allerdings dient es nur zur Unterstützung. Sobald eine Baustelle oder Umleitung nicht digital dokumentiert ist, würde es nämlich zu Schwierigkeiten kommen.

Das jedoch vermutlich größte Problem beim autonomen Fahren ist das Szenenverständnis. Denn Situationen, die für den Menschen verhältnismäßig einfach sind, können für den Computer extrem schwer zu interpretieren sein.

Ein gutes Beispiel ist ein Auto, das in zweiter Reihe parkt und somit die Straße blockiert. Ein dahinter stehendes Fahrzeug müsste nun das parkende Auto umfahren und dabei die durchgezogene Mittellinie der Straße überqueren. Üblicherweise ist das Überfahren einer durchgezogenen Linie verboten. Nur in Sonderfällen wie diesen ist es zulässig, die Linie zu überfahren. Dafür muss die Situation analysiert werden. Menschen können die Situation problemlos deuten, doch wie würde ein autonomes Fahrzeug entscheiden?

Auch eine Plastiktüte, die vom Wind über die Fahrbahn geweht wird, kann den Computer irritieren. Heutige Sensoren würden diese Plastiktüte erkennen, dennoch würde der Computer sie nur schwer von einem Vogel unterscheiden können. Problematisch wird es auch bei einem Schlagloch und einem Schatten eines am Straßenrand stehenden Baumes. Auch wird häufig das Beispiel mit einem stillstehenden Menschen und einer Mülltonne genannt, welches vor Jahren noch Schwierigkeiten verursacht hat.

Basierend auf den Daten der Kameras können Menschen inzwischen gut erkannt werden, dennoch reicht dies alleine nicht aus.

Wir Menschen beurteilen Wahlplakate am Straßenrand als unkritisch, da wir die komplette Szenerie verstehen, wohingegen ein Computer eine Gefahr sieht, da ein Mensch identifiziert wird. Bei dem Unfall von Uber im März 2018 ist genau das Gegenteil passiert (siehe Kapitel 2.1.8). Obwohl die Passantin bereits 100 Meter vor dem Zusammentreffen als „unbekanntes Objekt" erkannt wurde, hat der Computer die Frau bis kurz vor dem Aufprall als unkritisches Objekt eingestuft. Es wäre somit genügend Zeit zum Bremsen gewesen. Einzig relevant ist jedoch, ob das Objekt als kritisch oder unkritisch eingestuft wird. In diesem Fall war es Nacht und die Kamera hat, wie auch das menschliche Auge, die Situation aufgrund der Dunkelheit nicht korrekt einschätzen können. Während des Annäherns an die Fußgängerin mit Fahrrad wurde zeitweise ein Fahrzeug und danach ein Fahrrad identifiziert. Leider zu spät, da die Passantin aufgrund der Kollision mit dem Fahrzeug gestorben ist.

Bereits vor 5 Jahren gab es Zwischenfälle mit Passanten, als Daimler zum 125-jährigen Jubiläum im Autopilotmodus von Mannheim nach Pforzheim fuhr. Das selbstfahrende Auto stoppte an einem Fußgängerüberweg, da eine alte Dame am Straßenrand stand. Sie signalisierte den Fahrzeuginsassen, dass sie ihre Zeit benötigt und dem Fahrzeug die Vorfahrt gewähren möchte. Das autonome Fahrzeug verstand dies nicht und wartete. Erst als sich die Frau sich aufregte, übernahm der Testfahrer die Kontrolle und startete den Wagen manuell. Danach überquerte die alte Dame die Straße. Auch heute noch gibt es ähnliche Fälle, bei denen ein anderer Pkw-Fahrer Vorfahrt gewährt. Dazu muss die Mimik und Gestik des Fahrers analysiert, interpretiert und die Absicht des anderen Verkehrsteilnehmers ermittelt werden. Aktuell sind wir ganz am Anfang dieser Entwicklung. Es gibt zwar bereits erste Ideen, dass Kameras den Fahrer im Fahrzeug filmen und diese Informationen zur Kommunikation zwischen den Autos in der Nähe genutzt werden, jedoch gibt es unter anderem berechtigte Bedenken bezüglich des Datenschutzes.

Nichtsdestotrotz würde die Überwachung des Zustands einer Person Rückschlüsse geben, wodurch gefährliche Situationen vermieden werden können. Es wurden nämlich bereits schlafende Tesla-Fahrer von der Polizei gestoppt, die teilautomatisiert auf der Autobahn gefahren sind. Während der Fahrer schlief, kontrollierte der Autopilot das Fahrzeug. Die Polizisten konnten den Tesla nur stoppen, indem sie vor das Auto des schlafenden Fahrers fuhren und ihn langsam abbremsten. Der Autopilot passte sich der Geschwindigkeit des voranfahrenden Polizeiwagens an und bremste ebenfalls langsam ab. Diese Leichtsinnigkeit, wie bei dem Tesla-Fahrer, entsteht häufig aufgrund einer Überschätzung aktueller technischer Möglichkeiten oder wie in dem Fall aufgrund von Drogenkonsum des Fahrers. Durch eine Zustandserkennung, wie sie heutzutage bereits entwickelt wird, könnten solche Fälle verhindert werden.

Aber auch außerhalb des Fahrzeugs wäre es sinnvoll, die Verfassung der Verkehrsteilnehmer zu berücksichtigen. Der menschliche Fahrer hält beispielsweise rein intuitiv einen größeren Abstand zu einem fahrradfahrenden Kind als zu einem Profi-Radfahrer. Der Computer unterscheidet nicht zwischen einer herumtaumelnden, betrunkenen Person oder einem Geschäftsmann, der zügig die Straße überquert.

Des Weiteren mangelt es dem Computer an menschlicher Intuition, weshalb er menschliches Verhalten, das teilweise auch irrational ist, nicht vorhersagen kann. Insbesondere im Mischbetrieb, also bei manuell und autonom gesteuerten Fahrzeugen im Straßenverkehr, kann es zu Unfällen kommen.

Neben technischen Herausforderungen gibt es auch ethische und rechtliche Problemstellungen, die gelöst werden müssen. Jeder Besitzer eines autonomen Fahrzeugs möchte auch im Ausland die Möglichkeit haben, autonom zu fahren. Je nach Rechtslage des Landes kann es dabei zu Schwierigkeiten kommen. Deswegen müssen internationale Gesetze festgelegt werden, was weitere Jahre dauern wird.

Fazit: Heutige autonome Fahrzeuge erkennen Objekte, wie Fußgänger und Fahrradfahrer bereits gut. Es gibt jedoch noch Schwierigkeiten bei der Deutung, zum Beispiel ob das Objekt als kritisch eingestuft werden soll oder nicht. Bei Interaktionen mit dem Menschen kann es zu Missverständnissen kommen, da die Intention der jeweiligen Verkehrsteilnehmer nur schwer interpretiert werden kann. Einfache Szenarien, wie Autobahnfahrten können bereits bewerkstelligt werden, wohingegen komplexe Situationen, zum Beispiel Baustellen oder Umleitungen in der Stadt, weiterhin eine große Herausforderung für autonome Fahrzeuge sind. Grundsätzlich mangelt es am Gesamtverständnis der Situation.

2.1.10 Was können heutige automatisierte Fahrzeuge bereits?

Aktuell handelt es sich tatsächlich viel mehr um „automatisierte" als um „autonome" Fahrzeuge, denn die auf den deutschen Straßen zulässigen Autos haben maximal die Automatisierungsstufe 2 erreicht. Funktionen, die ein automatisiertes Fahren nach Stufe 3 und höher ermöglichen würden, sind nicht bzw. nur stark eingeschränkt erlaubt.

Zu den Fahrzeugherstellern der Stufe 2 zählen aktuell neben Audi auch BMW, Daimler, Tesla, General Motors und viele weitere. Welches Unternehmen langfristig die beste Strategie und vor allem die beste technische Ausführung hat, wurde von der Unternehmensberatung „Navigant" analysiert. Dazu zählt der Entwicklungsgrad der Systeme, also welche Funktionen das Fahrzeug bereits übernimmt. In welchem Umfang werden die Tests durchgeführt? Ist ein Sicherheitsfahrer notwendig? Handelt es sich um einzelne Autos oder mehrere Tausend Fahrzeuge? Wie ist die Zuverlässigkeit? Was sind die langfristigen Geschäftspläne? Aber auch Themen wie Produktionsstrategie und Marketing werden berücksichtigt.

Laut Navigant gehören General Motors, Googles Schwesterunternehmen Waymo und Ford zu den Marktführern. Die drei Unternehmen arbeiten an einem Taxiservice mit fahrerlosen Roboterautos. Die deutschen Autohersteller sind zwar nicht ganz vorne an der Spitze, aber auch nicht abgeschlagene Mitläufer. Bekannte amerikanische Unternehmen wie Uber, Apple und Tesla sind nach der Beratungsfirma Navigant bereits abgeschlagen.

Das komplette Ergebnis zu den Wettbewerbern ist in nachfolgender Abbildung dargestellt:

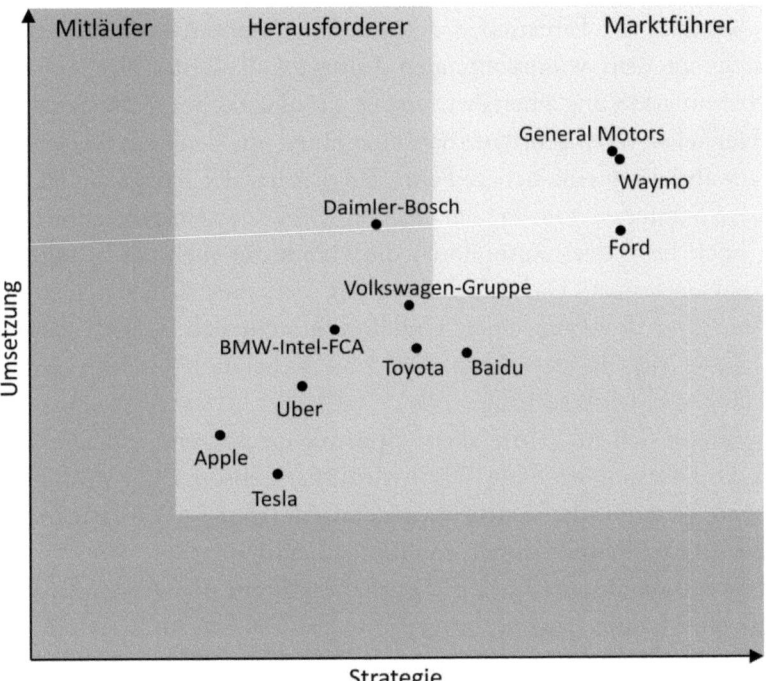

Basierend auf: Navigant Research Leaderboard: Automated Driving
Vehicles 1Q 2019

Heutige Fahrzeuge haben fortgeschrittene Fahrerassistenzsysteme, die bereits komplexe Fahraufgaben automatisiert ausführen können. Nachfolgend werden sie genauer erläutert:

Viele Automobilhersteller bieten Abstandsregeltempomaten für die Autobahn an, um die Geschwindigkeit ohne Eingriff des Fahrers konstant zu halten. Fährt das Auto vor einem langsameren Fahrzeug, orientiert sich das System an der Geschwindigkeit des vorausfahrenden Fahrzeugs und hält einen Mindestabstand ein. Der Assistent ermöglicht ein angenehmes Fahren bei Geschwindigkeiten von bis zu 210 km/h. Der Fahrer muss jedoch dauerhaft den Verkehr beobachten.

Der aktive Spurhalteassistent erkennt die Fahrstreifen und versucht, das Fahrzeug in der Mitte der Fahrspur zu halten. Ermöglicht wird dies, indem Kameras die Fahrstreifen detektierten. Alternativ orientiert sich der Assistent an dem vorausfahrenden Fahrzeug. Falls das eigene Auto die Fahrbahnmarkierung überfährt, ertönt ein akustisches Warnsignal. Manche Hersteller verlangen dauerhaft eine Hand am Lenkrad. Andere hingegen gewährleisten eine sichere Fahrt, bei welcher der Fahrer die Hände für mehrere Sekunden vom Steuer nehmen kann. Vor einigen Jahren konnte man noch bei Teslas Autopiloten die Hände für mehrere Minuten vom Lenkrad entfernen. Da viele Fahrer das Verkehrsgeschehen nicht überwachten und deswegen einen Unfall verursacht haben, wird der Fahrer eines Tesla Modells inzwischen alle 15 bis 30 Sekunden informiert, dass er die Hände am Lenkrad haben soll.

Ein weiterer Schritt ist der aktive Spurwechselassistent, welcher automatisch die Fahrspur wechselt. Dazu wird über Sensoren überprüft, ob ausreichend Platz auf der danebenliegenden Fahrspur ist. Gestartet wird der Assistent beispielsweise durch eine Blinkerbetätigung.

Eine Kombination aus aktivem Spurhalteassistent und Abstandsregeltempomat wird häufig _Stauassistent_ genannt. Der A8 von Audi gilt mit seinem Staupiloten als erstes Serienfahrzeug der Stufe 3 und kann auf der Autobahn mit reduzierter Geschwindigkeit problemlos mehrere Minuten ohne Eingriff und ohne Hand am Lenkrad fahren. Aktuell ist dies jedoch in Deutschland nur bis zu Geschwindigkeiten von 12 km/h beschränkt, weshalb der Autopilot hierzulande (noch) nicht verfügbar ist. Der Fahrer muss deswegen, wie bei den Pkws der Stufe 2, die Umgebung weiterhin überwachen.

Ebenfalls an Bord moderner Fahrzeuge befindet sich häufig eine Start-Stopp-Funktion, die den Motor bei stillstehendem Fahrzeug zum Beispiel an einer Ampel automatisch ausschaltet.

Parkassistenzen diverser Automobilunternehmen unterstützen den Fahrer beim Einparken mit automatischem Lenken (Automatisierungsstufe 1) und teilweise zusätzlich auch automatischem Beschleunigen und Bremsen (Automatisierungsstufe 2). Somit lässt sich der Parkvorgang mit einem

Knopfdruck per Handy oder Fernbedienung ermöglichen. Dazu muss das Fahrzeug an der Parklücke vorbeifahren und diese vermessen. Danach wird der Assistent aktiv und übernimmt die Steuerung von Lenkung, Gaspedal und Bremse.

Die bisher genannten Fahrerassistenzsysteme erhöhen vorwiegend den Komfort. Die autonome Notbremse hingegen steigert die Sicherheit indem der Assistent in sehr kritischen Situationen, zum Beispiel bei möglichen Auffahrunfällen, eine Notbremsung durchführt, um Fahrer und andere Verkehrsteilnehmer zu schützen.

Neben den genannten Fahrerassistenzsystemen gibt es auch Systeme wie _ABS_, die bereits seit Jahrzehnten existieren. Diverse Assistenzsysteme zum Beispiel _ESP_, also eine Fahrdynamikregelung, die ein Ausbrechen des Fahrzeugs verhindert, müssen seit Jahren in Neuwagen verbaut werden. Fahrzeuge der Premiumklasse haben mehrere Dutzend Assistenzsysteme, auf die hier nicht ausführlich eingegangen werden kann.

Fazit: Heutzutage hat jedes Fahrzeug Fahrerassistenzsysteme im Auto. Fortgeschrittene Systeme übernehmen einzelne Aufgaben oder sogar ganze Fahrvorgänge wie zum Beispiel einen Fahrspurwechsel oder einen Einparkvorgang. Der Fahrer muss dabei den Ablauf permanent überwachen. Aus diesem Grund kann man aktuell noch nicht von „autonomen", sondern vielmehr von „automatisierten" Fahrzeugen sprechen.

Sind autonome Fahrzeuge auf deutschen Straßen überhaupt erlaubt?

Autonome Fahrzeuge werden je nach Automatisierungsgrad den Stufen 0 bis 5 zugeordnet. Aktuell sind automatisierte Fahrzeuge bis Stufe 2 rechtlich in Deutschland zulässig, solange der Fahrer wahrnehmungsbereit bleibt, um im kritischen Fall oder bei einer Aufforderung des Systems einzugreifen. Dies gilt auch stark eingeschränkt für Stufe 3 und 4, zum Beispiel beim Einparken. Bei Stufe 4 wird die Technik bereits so weit vorangeschritten sein, dass der Computer das Fahrzeug im kritischen Fall ohne Hilfe des Fahrers in einen risikoarmen Zustand bringen kann. Die aktuellen Gesetze besagen jedoch, dass der Fahrer auch hier im Notfall verpflichtet ist, die Kontrolle des Fahrzeugs zu übernehmen, obwohl dies technisch nicht notwendig wäre. Autonomes Fahren mit Fahrzeugen der Stufe 5 (ohne Fahrer) ist aktuell hingegen noch nicht zulässig. Eine Ausnahme gibt es jedoch, auf Parkflächen, die vom öffentlichen Verkehrsraum abgetrennt sind, darf bereits heutzutage fahrerlos per Autoschlüssel eingeparkt werden.

Wird es eine separate Fahrbahn für autonome Fahrzeuge geben?

Der Mensch trifft teilweise irrationale Entscheidungen, weshalb Computersysteme das menschliche Verhalten nur schwer einschätzen können. Aus dem Grund gibt es bereits kreative Ideen, die Problematik zu lösen. Ein Vorschlag ist eine separate Fahrbahn oder sogar eine abgetrennte Straße, die nur für selbstfahrende Fahrzeuge gedacht ist. Eine ähnliche Anwendung gibt es in Amerika. Manche Straßen haben dort eine gesonderte Fahrbahn für Elektroautos oder Fahrzeuge mit zwei oder mehr Insassen. Der Hintergedanke ist dabei, die Elektromobilität und Bildung von Fahrgemeinschaften zu fördern.

Was passiert, wenn ein Sensor verschmutzt ist oder ausfällt?

Verschmutzte oder defekte Sensoren sind ein Sicherheitsrisiko, weshalb diverse Lösungsansätze dafür entwickelt werden. Bei verschmutzten Sensoren gibt es bereits Reinigungssysteme, die den Sensor sauber halten sollen. Gefährliche Folgen aufgrund von defekten Sensoren können mit *Redundanzen* verhindert werden. Dabei kommen mehrerer Sensoren zum Einsatz, um dieselbe Aufgabe zu erledigen. Fällt einer der Sensoren aus, kann immer noch der redundante Sensor die Aufgabe übernehmen. Diese Technik wird bereits im Flugverkehr eingesetzt. Durch einen ständigen Abgleich mehrerer Werte, können fehlerhafte Sensoren erkannt und berücksichtigt werden. Der Fahrer wird bei einem Ausfall akustisch oder optisch gewarnt. Je nach Automatisierungsstufe muss er das Steuer übernehmen oder das Fahrzeug führt selbstständig einen risikominimalen Systemzustand herbei.

Sind durch das autonome Fahren Arbeitsplätze gefährdet?

Ja, über kurz oder lang werden simple, monotone Aufgaben im Güter- und Personenverkehr automatisiert. Busse, Taxis oder Lkws werden als erstes vollautomatisiert sein, da hier erhebliche Kosten gespart werden können. Gleichzeitig entstehen neue Arbeitsplätze, vorwiegend hochqualifiziert Tätigkeiten, wie zum Beispiel *„Machine Learning"*- und „Big Data"-Experten. Das bedeutet, es findet eine Umstrukturierung statt. Darunter leiden überwiegend die gering qualifizierten Arbeiter.

Werden wir zukünftig mit unserem autonomen Fahrzeug sprechen?

Heutzutage ist es bereits möglich, mit den Sprachassistenten von Apple (Siri), Amazon (Alexa) und Google zu kommunizieren, um Aufgaben bequem von der Couch aus zu erledigen. Auch im Fahrzeug ist dies bereits möglich. Sprachassistenten wie „Chris" von German Autolabs oder „MBUX" von Daimler verschicken auf Wunsch, auch während der Fahrt, Nachrichten oder passen den Zielort am Navigationsgerät an. Gesteuert wird das System über Sprache und Gestik.

Was werden wir zukünftig während des autonomen Fahrens machen?

Nach einer Studie von Deloitte würden die meisten Menschen mehr mit ihren Mitfahrern sprechen. Auch die Kommunikation via Smartphone wird zunehmen. Die Befragten würden Nachrichten lesen, essen, trinken, Filme schauen, arbeiten oder schlafen – alleine oder miteinander. Dass der Sex im Fahrzeug zunehmen wird, behaupten zumindest britische Forscher.

Werden sich autonome Fahrzeuge immer an Tempolimits halten?

Nein! Sie werden sich zwar an den Tempolimits orientieren, doch gleichzeitig passen sie sich auch an den Verkehrsfluss an. Fahren die Fahrzeuge in der Umgebung schneller, dann beschleunigt beispielsweise das autonome Fahrzeug von Waymo auf bis zu 16 km/h oberhalb des erlaubten Tempolimits, um nicht als langsam fahrendes Hindernis den nachfolgenden Verkehr zu behindern. Damit muss das Fahrzeug nicht unnötig überholt werden und stellt somit keine Gefahr da.

Wird es noch Strafzettel geben, wenn wir autonom fahren?

Autonome Fahrzeuge sind nicht perfekt und fahren auch manchmal zu schnell, um sich dem Verkehrsfluss anzupassen. Es gab aber auch Fälle, in denen autonome Forschungsfahrzeuge zu langsam fuhren und deswegen von der Polizei angehalten wurden wie zum Beispiel ein Roboterauto von Google.

Aber auch Zwischenfälle mit Passanten gab es bereits. Laut einem amerikanischen Polizisten hat ein autonomes Fahrzeug von General Motors einem Fußgänger bei einem Überweg die Vorfahrt genommen. Dafür gab es sogar einen Strafzettel.

Müssen wir in Zukunft noch eine Führerscheinprüfung machen?

Wenn sich in den nächsten Jahrzehnten autonome Fahrzeuge ohne Fahrer durchsetzen werden, können auch Kinder und alte Menschen den Service nutzen. Spätestens, wenn es verboten sein wird, das Steuer zu übernehmen, ist es nicht mehr notwendig, eine Führerscheinprüfung zu machen. Bis dahin wird jedoch noch viel Zeit vergehen.

Aktuell arbeitet der TÜV an einem „Führerscheintest" für autonome Fahrzeuge. Zukünftig werden also nicht wir, sondern die selbstfahrenden Autos geprüft werden.

Wird es irgendwann in der Zukunft verboten sein, selber zu fahren?

Wenn die Sicherheit von Fahrerassistenzsystemen um ein Vielfaches höher als durch den Menschen ist (Faktor 100), wird das System per Gesetz voraussichtlich Pflicht, wie es beispielsweise beim ESP bereits der Fall ist. Das bedeutet langfristig, dass in einigen Jahrzehnten manuelles Fahren durch den Menschen verboten sein wird.

2.3   Moralische Dilemmata – wie entscheiden Sie sich?

Basierend auf Kapitel „2.1.7 Die Moralfrage: Wie wird im kritischen Extremfall entschieden?" dürfen Sie sich nun entscheiden, wie ein autonomes Fahrzeug reagieren soll. Dazu müssen Sie sich in die neutrale Lage des selbstfahrenden Autos versetzen und entweder das linke oder rechte Szenario auswählen. In jedem Fall retten Sie dadurch mindestens ein Lebewesen. Gleichzeitig nehmen Sie den Tod einer oder mehrerer Lebewesen in Kauf. Welche Entscheidung ist für Sie moralischer? Denken Sie auch darüber nach, ob es für Sie einen Unterschied macht, die Situation passiv geschehen zu lassen oder aktiv in das Geschehen einzugreifen und den Wagen auf die andere Fahrbahn zu lenken. Bedenken Sie gleichzeitig, dass die Gefahr vom Fahrzeug ausgeht, denn bei Unfällen von zwei Passanten ist das Risiko einer schweren Verletzung überschaubar.

Welche Entscheidung würden Sie sich von der Allgemeinheit erhoffen? Behalten Sie dabei Immanuel Kants „*Kategorischen Imperativ*" im Hinterkopf: „Handle nur nach derjenigen Maxime, durch die du zugleich wollen kannst, dass sie ein allgemeines Gesetz werde." Könnten Sie mit der Entscheidung leben, jemanden getötet zu haben, um eine andere Person zu retten?

Die folgenden Beispiele sind bewusst so gewählt, dass Ihnen die Entscheidung schwer fällt, da die Szenarien zur Diskussion anregen sollen. Ziel dieses Gedankenexperiments ist es auch, zu erkennen, welche Lebewesen für Sie mehr Wert haben. Gleichzeitig sollten Sie kritisch hinterfragen, ob ein solches Aufwiegen und Beurteilen des Wertes von Menschen moralisch vertretbar ist oder eben nicht.

Ein Passagier   oder   ein Passant?

Zwei Passanten   oder   ein Passagier?

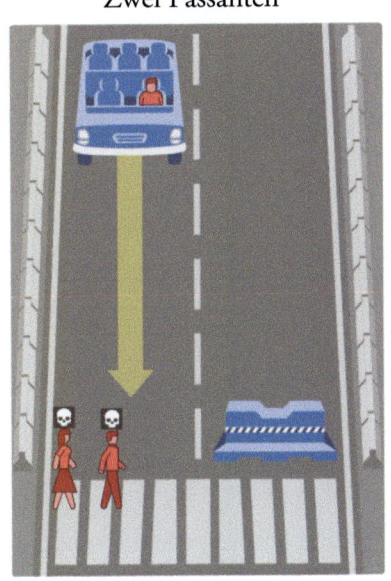

Eine Frau   oder   ein Mann?

Eine Schwangere   oder   ein Kind?

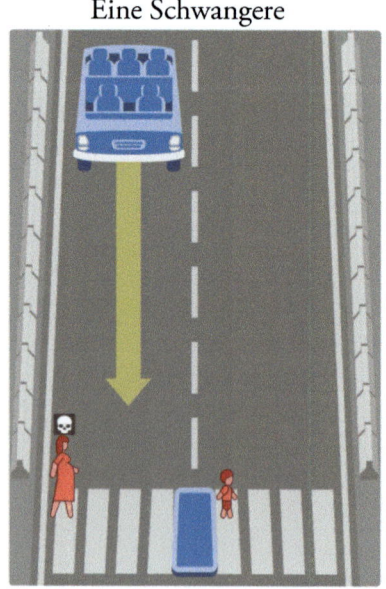

Ein Baby   oder   eine alte Dame?

Drei Tiere   oder   ein Bankräuber?

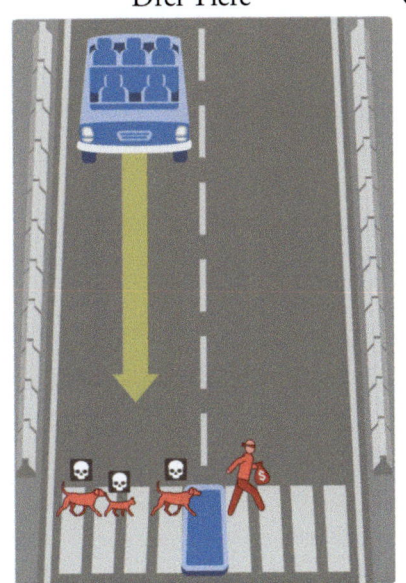

Eine Frau, welche die Verkehrsregeln befolgt oder eine, die sie missachtet?

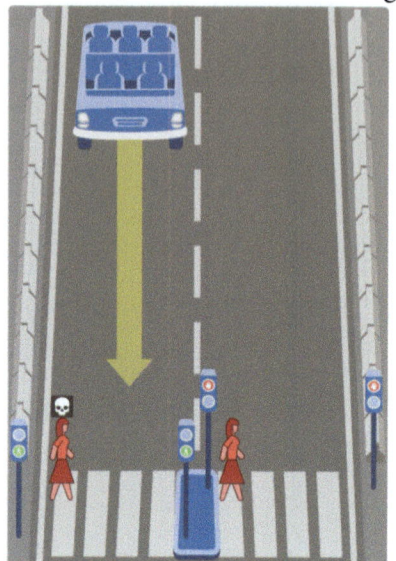 

Die Szenarien wurden mit freundlicher Genehmigung von Professor Rahwan vom MIT Media Lab zur Verfügung gestellt. Weitere Dilemmata und ethische Problemstellungen gibt es auf der Webseite: www.moralmachine.mit.edu

3 E-Auto

3.1 Ausführliche Fragen und Antworten

3.1.1 Was haben E-Autos mit Carsharing und autonomem Fahren zu tun?

Autonomes Fahren, Carsharing und E-Autos werden sich in Zukunft mehr und mehr verbreiten. Doch was genau ist Carsharing überhaupt? Wie funktioniert es und wird es das eine nur mit dem anderen geben? Carsharing kommt aus dem Englischen und beschreibt das Teilen und Verleihen von Autos. Das heißt, Fahrzeuge werden gemeinschaftlich genutzt und meist nur für kurze Fahrten minutenweise angemietet. Über eine App auf dem Handy können die in der Nähe stehenden Fahrzeuge gesucht und ausgeliehen werden. Innerhalb weniger Sekunden kann das jeweilige Fahrzeug über das Internet aufgeschlossen werden.

Die Pkws dürfen in definierten Gebieten genutzt und abgestellt werden. Dabei gibt es unterschiedliche Varianten. Beim stationsbasierten System muss das Auto an einer Station, zum Beispiel einem vorreservierten Parkplatz, geparkt werden.

In der bequemeren Variante kann das Fahrzeug auf jedem öffentlichen Parkplatz innerhalb eines Gebietes, zum Beispiel in der ganzen Stadt Stuttgart, abgestellt werden. Die Gebühren hängen von der gefahrenen Zeit oder der Kilometeranzahl ab. Im Schnitt beträgt der Preis ungefähr 30 Cent pro Minute.

Der Gedanke beim Carsharing ist das Teilen von Fahrzeugen, welche üblicherweise nur für kurze Zeit benötigt werden. Denn das durchschnittliche Auto ist täglich weniger als 1 Stunde im Betrieb und steht 23 Stunden ungenutzt auf dem Parkplatz. Bei Carsharing-Fahrzeugen ist die Auslastung ungefähr sechs Mal so hoch. Darum werden zumindest theoretisch weniger Fahrzeuge benötigt, was eine geringere Auslastung auf den Straßen bedeutet – so zumindest die Idee. Die Realität weicht jedoch in manchen Fällen davon ab. Bei Regen werden anstatt dem Fahrrad nun immer häufiger Carsharing-Autos genutzt.

Doch was hat nun Carsharing mit autonomen Fahrzeugen zu tun? Auf den ersten Blick – nichts. Denn es gibt bereits seit mehreren Jahren Carsharing ohne selbstfahrende Autos. Bekannte kommerzielle Anbieter in Deutschland sind unter anderem das Tochterunternehmen von Daimler „Car2Go", welches Modelle wie Smart, A-Klasse, B-Klasse, GLA und CLA anbietet. „DriveNow" von BMW bietet sogar noch mehr Modelle an. Inzwischen haben sich beide Anbieter zusammengeschlossen. „Flinkster", das Tochterunternehmen der Deutschen Bahn, stellt ebenfalls diverse Modelle zur Verfügung.

Bei den aktuell angebotenen Fahrzeugen hat der menschliche Fahrer die Kontrolle. In Zukunft sollen die Autos jedoch selber fahren. Sogenannte „Robotertaxis" ersetzen somit die konventionellen Taxis. Die Kombination von autonomen Modellen im Carsharing ermöglichen somit Synergien. Die hohe Mobilität beim Carsharing wird nochmals gesteigert, da zukünftig das Fahrzeug von alleine zum Nutzer kommt, ihn vom Wunschort abholt, und ihn an einen beliebigen Zielort bringt. Fahrzeuge von Carsharing-Flotten werden erkennen zu welchem Zeitpunkt an welchem Ort die größte Nachfrage ist, wodurch immer ein Fahrzeug in der Nähe des Anwenders sein wird. Der Nutzer spart somit Zeit und auch Kosten, zum Beispiel beim Parken, da das autonome Fahrzeug dies selber übernimmt. Interessant wird es demnach sowohl für die Flottenbesitzer als auch die Nutzer, denn durch die automatisierten Taxis steigt der Wert für den Nutzer. Des Weiteren müssen verhältnismäßig „teure" Taxifahrer nicht mehr bezahlt werden. Das bedeutet, wenn wir zukünftig kein Auto zur Verfügung haben, in einer fremden Stadt sind oder einfache Strecken zurücklegen wollen und auf dem Rückweg kein Fahrzeug benötigen, werden wir häufiger Carsharing-Fahrzeuge nutzen.

Gleichzeitig wird bei autonomen Carsharing-Fahrzeugen die Hemmschwelle vom autonomen Fahren gesenkt, da der Nutzer in wenigen Jahren erste Erfahrungen mit autonomen Carsharing-Modellen sammeln kann - und dies ohne viel Geld investieren zu müssen.

Was haben elektrisch angetriebene Autos mit autonomen Fahren und Carsharing zu tun?
Auch hier gibt es keine direkte Verbindung. Autonome Fahrzeuge, sowie Autos einer Car-sharing-Flotte können von einem Elektromotor angetrieben werden – müssen sie aber nicht. Es gibt beim Carsharing also Pkws, die einen konventio-

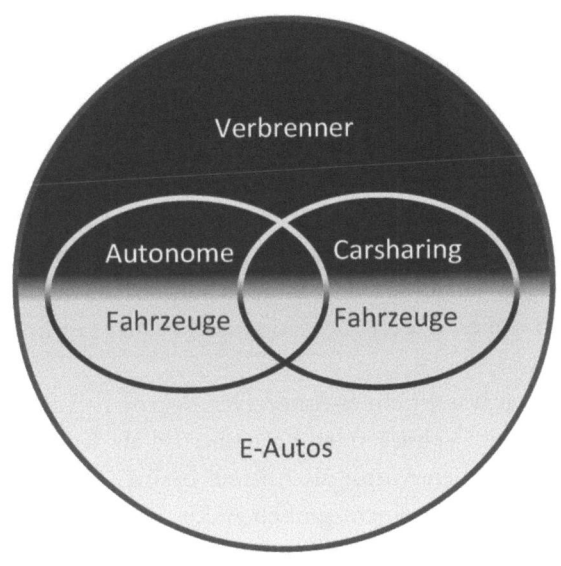

nellen Verbrennungsmotor besitzen, aber auch Fahrzeuge mit modernem elektrischem Antrieb. Die Abbildung zeigt die möglichen Kombinationen von autonomen Autos, Fahrzeugen aus einer Carsharing-Flotte und den gebräuchlichen Antriebsarten. Für Interessierte, die gerne mal ein E-Auto fahren möchten, bietet sich somit eine günstige Probefahrt an.

Fazit: E-Autos, Carsharing und autonomes Fahren sind drei verschiedene Dinge. Sie können unabhängig voneinander existieren, dennoch macht Carsharing mehr Sinn, wenn die Fahrzeuge autonom fahren, denn dann revolutionieren und ersetzen sie das klassische Taxi.

3.1.2 Was ist ein E-Auto und wie funktioniert es?

In den nachfolgenden Kapiteln wird vorwiegend auf das akkubetriebene E-Auto eingegangen, da dieses aktuell und in den nächsten Jahren am attraktivsten sein wird. Bekannt sind die „surrenden" Fahrzeuge durch Tesla, aber auch durch Carsharing und Streetscooter der deutschen Post. Auch die Bundeskanzlerin Angela Merkel hat viel Aufmerksamkeit erregt, als sie das optimistische Ziel definiert hat, dass bis 2020 eine Millionen E-Autos auf deutschen Straßen fahren sollen. Aktuellen Schätzungen nach wird dieser Wert aller Voraussicht nach erst im Jahr 2022 erreicht sein.

Doch was ist ein E-Auto? Der Begriff E-Auto steht für Elektroauto (engl. Electric Vehicle oder EV) und ist als Kraftfahrzeug definiert, das einen elektrischen Motor als Antrieb besitzt. Gespeichert wird die Energie üblicherweise in einem großen Akku, welcher in der Fachsprache auch Akkumulator oder Trajektionsbatterie genannt wird. Außerdem gibt es Brennstoffzellenfahrzeuge und Hybridfahrzeuge, die ebenfalls einen Elektromotor besitzen, jedoch ihre Energie in einem anderen Medium speichern.
Die Hauptunterschiede von konventionellen Fahrzeugen und E-Autos sind also der Antrieb und der Energiespeicher. Aus dem Grund schauen wir uns beide Komponenten etwas genauer an.

Konventionelles Fahrzeug

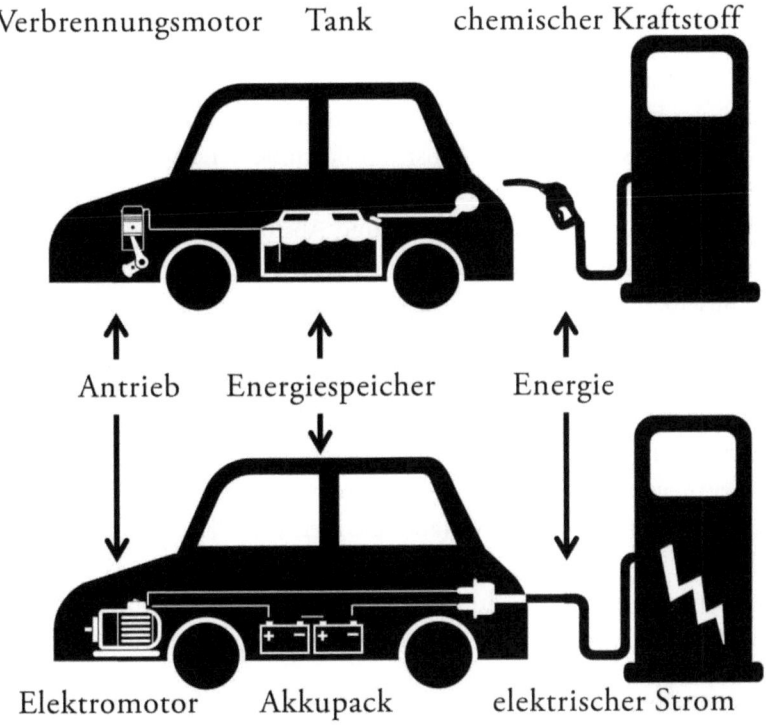

Verbrennungsmotor   Tank   chemischer Kraftstoff

Antrieb   Energiespeicher   Energie

Elektromotor   Akkupack   elektrischer Strom

Elektroauto

Damit wir mit dem Auto von Berlin nach München fahren können, benötigen wir laut der Physik Energie. Kraftstoffe wie Benzin oder Diesel enthalten chemische Energie. Akkus wiederum können elektrische Energie speichern. Wo früher vor allem Bleiakkus genutzt wurden, kommen heutzutage vorwiegend Lithium-Akkus zum Einsatz. Sie haben im Vergleich zu anderen Akkutechnologien eine deutlich höhere Energiedichte. Das bedeutet, sie können bei gleicher Größe mehr Energie speichern.

Im Vergleich zu kleineren Geräten wie Handys werden fürs E-Auto mehrere Akkuzellen benötigt. In heutigen elektrisch angetriebenen Fahrzeugen ergeben mehrere Hunderte bis Tausende Zellen einen Akkupack, der eine Spannung von 300 bis 1000 Volt liefert.

Die elektrische Energie aus dem Akku wird mit einem Elektromotor in mechanische Energie umgewandelt. Unterschieden wird zwischen Gleichstrom-, Wechselstrom- und Drehstrommaschinen. Letzterer Motor wird üblicherweise im Elektroauto als Antrieb genutzt.

Bei allen Motorvarianten werden An- und Abstoßungskräfte von Magnetfeldern genutzt, ähnlich wie wenn man zwei Magnete aneinander hält und wieder auseinander bringt. Die Magnetfelder müssen sich jedoch ändern, damit der Motor sich kontinuierlich drehen kann. Allein mit Permanentmagneten ist das nicht möglich, weshalb bei permanenterregten Motoren nur das innere (Rotor) oder äußere Teil (Stator) Permanentmagnete besitzt. Im unten dargestellten Fall enthält der sich drehende Rotor einen Permanentmagneten. Im Stator wiederum wird ein elektromagnetisches Feld erzeugt. Dazu wird ein Metalldraht mehrere Mal um ein Blechpaket gewickelt.

Wenn man nun Strom durch die Metalldrähte schickt, kann bei richtiger Regelung eine durchgehende Drehbewegung erzeugt werden.

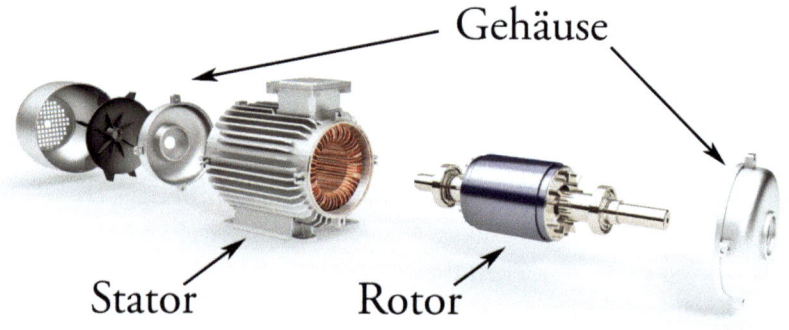

Gehäuse

Stator   Rotor

Konventionelle Fahrzeuge besitzen einen Verbrennungsmotor, in dem ein Kraftstoff-Luft-Gemisch verbrannt wird. Bei einem *Viertaktmotor* bewegt sich der Kolben im ersten Takt nach unten und zieht das Gemisch in den Zylinder. Darauf folgt im zweiten Takt bei der Aufwärtsbewegung eine Verdichtung des Gemisches. Kurz bevor der Kolben den höchsten Punkt erreicht, wird beim Ottomotor die Zündkerze ausgelöst, welche einen Funken erzeugt. Im dritten Takt, auch Arbeitstakt genannt, entzündet sich das Gemisch und drückt den Kolben nach unten. Anschließend bewegt sich der Kolben im vierten und letzten Takt nach oben und befördert die verbrannten Abgase durch das Auslassventil zum Katalysator. Dort werden die Schadstoffe im Abgas reduziert und über den Auspuff in die Umwelt geleitet.

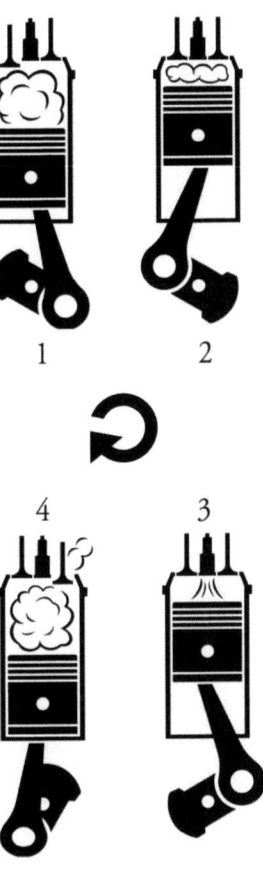

Otto- und Dieselmotoren haben im Vergleich zum Elektromotor einen niedrigeren Wirkungsgrad und können nur ein Bruchteil der Energie im Kraftstoff verwenden, da der größere Anteil in Wärme umgewandelt wird. Elektromotoren hingegen, können den Großteil der Energie nutzen und in eine mechanische Bewegung umwandeln.

Fazit: Elektroautos (kurz: E-Autos) besitzen einen elektrischen Motor, der mit elektrischer Energie gespeist wird. Die Energie wird üblicherweise in einem Akkumulator gespeichert. Im Gegensatz zu einem Otto- oder Dieselmotor wird die Bewegung nicht durch eine gezielte Verbrennung hervorgerufen, sondern aufgrund von Anziehungs- und Abstoßungskräften von Magnetfeldern.

3.1.3 Warum gibt es einen Wandel von Verbrennern zu E-Autos? Anders gefragt: Sind E-Autos tatsächlich nachhaltiger?

In den letzten Jahren wird das Thema E-Mobilität immer häufiger in der Öffentlichkeit diskutiert. Doch kaum jemand weiß, dass bereits vor weit über 150 Jahren elektrisch angetriebene Fahrzeuge entwickelt wurden. Erst Jahrzehnte später entwarf Carl Benz ein Dreiradfahrzeug mit Verbrennungsmotor. Das damalige Gefährt ist die Vorstufe heutiger Pkws mit Otto- und Dieselmotor.

Doch warum werden seit dem letzten Jahrzehnt verstärkt E-Autos entwickelt? Die üblichen Antworten sind „Klimawandel" und Verknappung der Erdölreserven. Ist das korrekt? Die Antwort ist „jein".

Erdöl entsteht aus abgestorbenen Tieren und Pflanzen, die über Millionen von Jahren unter hohem Druck in tiefen, sauerstoffarmen Meeresbereichen lagern. Diese Erdölvorkommen können in „Ressourcen" und „Reserven" unterteilt werden. Letzteres sind uns bekannte Erdölquellen, welche wirtschaftlich gefördert werden können. Erdölressourcen hingegen lohnen sich wirtschaftlich aktuell noch nicht zu fördern.

Forscher sind sich uneinig, ob bereits mehr als die Hälfte des auf der Erde abbaubaren Erdöls verbraucht wurde. Klar ist nur, dass der Großteil des bisher genutzten Erdöls vor allem in den letzten Jahrzehnten gefördert wurde. Auf die Frage, wie lange das Erdöl noch ausreiche, haben Experten auch keine zufriedenstellende Antwort parat. Man weiß nur, dass die Erschöpfung von Erdöl im Vergleich zu anderen Energierohstoffen am weitesten fortgeschritten ist. Sicher ist, dass Erdöl noch mehrere Jahrzehnte ausreicht. Ermöglicht wird dies nicht zuletzt aufgrund von neuen, umstrittenen Fördertechniken wie *Fracking*. Dennoch oder gerade deswegen sollten wir bereits jetzt langfristige Strategien entwickeln, um von dem „schwarzen Gold" unabhängiger zu werden. Denn Erdöl wird nicht nur für Kraftstoffe und zur Stromgewinnung verwendet. Kunststoffe, Kleidung, Möbel, Computer, Medikamente und Kosmetika werden ebenfalls aus Erdöl hergestellt.

Nun wird bei E-Autos für den Antrieb zwar kein Erdöl benötigt, dennoch sind Rohstoffe wie Lithium und Kobalt für Akkus notwendig. Allein die Hälfte des abgebauten Lithiums wird heutzutage für Akkus von Laptops, Smartphones und anderen mobilen Geräten genutzt. Um die Lithiumversorgung auch in Zukunft zu gewährleisten, hat Deutschland bereits jetzt Vereinbarungen mit Bolivien getroffen. Weitere Abbaugebiete mit mehreren Millionen Tonnen Lithium sind in Australien, Chile und Argentinien. Es gibt also auf lange Sicht, im Gegensatz zum Erdöl, ausreichend Lithiumquellen.
Kobalt dagegen ist teuer, knapp und dessen Abbau umstritten. Ein kritischer Aspekt ist das Abbaugebiet von Kobalt. Etwa die Hälfte des Rohstoffs wird im instabilen Kongo abgebaut. Kinderarbeit und menschenunwürdige Arbeitsbedingungen sind dort weit verbreitet. Aus dem Grund haben sich große, deutsche Unternehmen zusammengeschlossen, um die Bedingungen beim Kobaltabbau im Kongo zu verbessern. Andere Hersteller forschen wiederum an Akkutechnologien ohne Kobalt.

Wie sieht es mit den Abgasen und Emissionen beim E-Auto aus? Ist der Kauf eines E-Autos umweltfreundlicher als ein Auto mit Verbrennungsmotor? Laut diversen Forschungsergebnissen ist die Bilanz eines akkubetriebenen E-Autos langfristig tatsächlich besser.
Zwar werden bei der Herstellung von Elektroautos mehr Schadstoffe erzeugt, dennoch ist die Gesamtbilanz auf Dauer niedriger als bei konventionellen Fahrzeugen. Dies liegt daran, dass beim Fahren keine gesundheitsschädlichen oder umweltgefährdenden chemischen Stoffe ausgestoßen werden.
Hinsichtlich des Ladens ist vor allem relevant, mit welchem Strommix der Akku „betankt" wird. Die Frage ist also, wie wird die elektrische Energie, die aus der Steckdose kommt, hergestellt? Aus erneuerbaren Energiequellen oder in konventionellen fossilen Kraftwerken? Je nach Land variieren

die Werte stark. Im Falle des deutschen Strommixes entsteht bei der Erzeugung der elektrischen Energie, die zum Fahren eines E-Autos notwendig ist, weniger als halb so viel CO_2 im Vergleich zu einem Verbrenner.

Auf der anderen Seite haben E-Autos von Beginn an einen „CO_2-Rucksack". Zur Produktion der Akkus wird nämlich viel Energie benötigt. Je nachdem, in welchem Land die Akkus hergestellt werden, entsteht dort ein hoher Ausstoß an CO_2. Dies hängt davon ab, wie hoch der Anteil der Energie aus erneuerbaren Quellen stammt.

Diverse Studien deuten bei der Gesamtbilanz in dieselbe Richtung, wenn auch mit stark unterschiedlichen Ergebnissen. Je nach Fahrzeugklasse und Strommix ist ein E-Auto nach 30.000 bis 100.000 Kilometern umweltfreundlicher als ein konventionelles Fahrzeug. Andere Forscher behaupten, dass akkubetriebene Autos mit Elektromotor nach ein bis drei Jahren besser für die Umwelt sind.

Aus ökologischer Sicht macht es grundsätzlich Sinn, „grünen Strom" zu nutzen und wenn möglich lieber auf einen Kleinwagen mit kleinem Akku zu setzen (Downsizing). Denn große Premiumfahrzeuge haben einen etwa dreimal so großen Akku wie ein Kleinwagen und somit sind die Emissionen bei der Herstellung des Akkus deutlich höher.

Wenn der Akkupack an Kapazität verloren hat und im Fahrzeug nicht mehr verwendet wird, kann er recycelt werden oder als stationärer Zwischenspeicher für Photovoltaikanlagen dienen, wodurch die Umweltbilanz weiterhin verbessert werden kann.

Fazit: Die Menschen in den Großstädten können dank lokal emissionsfreien E-Autos aufatmen. Aufgrund von E-Autos gibt es weniger Emissionen in den Städten. Der Schadstoffausstoß verlagert sich in die Produktionsfabriken der Akkus und zu den Energieproduzenten. Langfristig werden aufgrund von E-Autos insgesamt weniger Emissionen erzeugt, jedoch rentiert sich das umwelttechnisch erst nach mehreren 10.000 Kilometern Fahrstrecke. Das sogenannte „Downsizing" und die Verwendung von Ökostrom begünstigen grundsätzlich die Umweltbilanz.

3.1.4 Was sind die Pros und Contras von E-Autos?

Wie wir bereits festgestellt haben sind E-Autos nicht perfekt, dennoch gibt es auch etliche positive Eigenschaften, die kaum bekannt sind.

Dazu zählt eine deutlich bessere Charakteristik des Elektromotors im Vergleich zum Verbrennungsmotor. Letztere Motoren haben nur in einem bestimmten Drehzahlbereich ein hohes Drehmoment, womit sie das Fahrzeug beschleunigen können. Der Fahrer muss deshalb beim Beschleunigen in einen niedrigen Gang schalten.

Bei einem Elektromotor ist keine Gangschaltung notwendig, da der Motor bei jeder Geschwindigkeit ausreichend Kraft zur Verfügung stellen kann, um das Auto zu beschleunigen. Beim Rückwärtsfahren muss nicht erst der Gang gewechselt werden. Der Elektromotor ändert einfach seine Drehrichtung. Das bedeutet, das Fahren mit dem E-Auto wird deutlich entspannter, da nicht mehr geschaltet werden muss.

Dank des hohen Drehmoments, insbesondere beim Anfahren, haben elektrisch angetriebene Fahrzeuge eine ungewohnte „Spritzigkeit", die als dynamisch und kraftvoll wahrgenommen wird. Die Beschleunigung ähnelt einem Sportwagen, denn nicht ohne Grund gelten Autos mit Elektromotor zu den Fahrzeugen mit der höchsten Beschleunigung.

Ein weiterer Vorteil ist die Effizienz von akkubetriebenen E-Autos. Elektromotoren und Akkus haben Wirkungsgerade von über 90 Prozent. Verbrennungsmotoren hingegen können üblicherweise nur 25 Prozent der Energie nutzen. Ein Großteil der Energie wird in Wärme umgewandelt und kann nicht verwendet werden. Sinnvollerweise sollte dennoch die *Primärenergie* betrachtet werden, da die elektrische Energie ursprünglich in anderer Form vorlag (Kohle, Gas, Sonne oder Wind). Aber auch hier hat das E-Auto einen Vorsprung. Im Falle von Kohle oder Gas als *Primärenergie* liegt die Energiebilanz eines Verbrennerfahrzeugs mit 20 Prozent hinter der Bilanz eines Elektroautos (40 Prozent).

Des Weiteren können Elektroautos beim Bremsen Energie zurückgewinnen (*Rekuperation*) und diese in den Akku einspeisen. Praktisch gesehen wird der Akku geladen, sobald der Fahrer vom Gaspedal geht. Für den einen oder anderen Fahrer scheint die starke Motorbremse ungewohnt zu sein. Die Intensität lässt sich jedoch beliebig einstellen. Durch die Nutzung der Motorbremse wird die mechanische Bremse geschont und gleichzeitig wird Energie in den Akku zurückgeführt. Dadurch kann der Stromverbrauch gesenkt werden, was zu einer höheren Reichweite führt. Auch konventionelle Fahrzeuge können mit einer Lichtmaschine rekuperieren, um die Energie zum Beispiel für das Licht zu nutzen. Der Anteil ist in dem Fall jedoch deutlich niedriger als beim E-Auto.

Ein weiterer wichtiger Punkt bei einem Auto sind die Kosten. Die Anschaffungskosten eines E-Autos sind aktuell, trotz Kaufprämie vom Staat, noch höher als die eines Verbrennerfahrzeugs. Dagegen sind die Betriebskosten von strombetriebenen Fahrzeugen geringer. Niedriger sind auch die Wartungskosten von E-Autos, da insbesondere die Elektromotoren wartungsfrei sind und einen deutlich einfacheren Aufbau als Otto- oder Dieselmotoren haben. Wie es sich mit den Gesamtkosten verhält, wird in Kapitel „3.1.5 Wie viel kostet ein E-Auto?" ausführlich erläutert.

Auf E-Autos sind außen häufig Begriffe wie „emissionsfrei" oder „zero emission" aufgedruckt, was tatsächlich mehr Marketing als Realität ist, denn vor allem bei der Produktion eines „Stromers" entstehen mehr Emissionen als bei einem Verbrennerfahrzeug. Insgesamt ist die Ökobilanz eines strombetriebenen Fahrzeugs dennoch besser. Im Betrieb kann man tatsächlich von „lokal emissionsfrei" sprechen – zumindest bei der Betrachtung des Motors. Während des Fahrens werden vom Elektromotor also keine Abgase oder Schadstoffe produziert. Wenn dann noch Ökostrom genutzt wird, verbessert sich die Bilanz nochmals. Anzumerken ist dabei, dass die Reifen und Bremsen wie auch beim Verbrennerfahrzeug weiterhin Feinstaub produzieren.

Der Geräuschpegel bei einem E-Auto im Betrieb ist aufgrund des Motors deutlich niedriger. Erst bei einem Tempo von über 50 km/h überwiegen, wie beim konventionellen Auto, die Abriebgeräusche der Reifen. Ab Juli 2019 sind zum Schutze sehbehinderter Menschen „Akustische Fahrzeug-Warnsysteme" für alle neuen E-Modelle gesetzlich vorgesehen. Die Geräte sollen bei niedrigen Geschwindigkeiten ähnliche Geräusche wie konventionelle Fahrzeuge erzeugen. Automobilhersteller arbeiten deswegen teilweise mit bekannten Sounddesignern, wie zum Beispiel Hans Zimmer zusammen, um markante und einzigartige (künstliche) Motorengeräusche zu entwerfen.

Weitere Vorteile haben Fahrer eines E-Autos seit 2015. In dem Jahr wurde das Elektromobilitätsgesetz verabschiedet, das Fahrzeughaltern mit dem neu eingeführten E-Kennzeichen ermöglicht, Busspuren und speziell für E-Autos gekennzeichnete Parkplätze zu nutzen. Parkgebühren können für Besitzer von E-Autos reduziert oder gar erlassen werden.

E-Autos haben gegenüber konventionellen Autos aber auch Nachteile. Dazu gehört die geringe Reichweite von akkubetriebenen E-Autos. Je nach Modell kommt man üblicherweise auf die halbe Distanz, welche man mit einem konventionellen Fahrzeug erreichen würde. Das Thema wird im Kapitel „3.1.6 Welche Reichweite hat ein E-Auto?" umfangreich erläutert.

Die Reichweite alleine wäre nicht problematisch. Wenn jedoch noch lange Ladezeiten, die ungefähr 20 Mal höher sind wie beim Tanken, dazu kommen, muss eine Fahrt in den Urlaub gut geplant sein. Eine kurze Essenspause kann in dem Fall nicht nur zur eigenen Stärkung genutzt werden, sondern auch zum Strom tanken.

Kritisch wird es ebenfalls beim Laden in dicht bevölkerten Gebieten zum Beispiel Großstädten. Wer nicht in einem Haus mit privatem Parkplatz vor der Tür wohnt, hat Schwierigkeiten, eine Ladestation zu finden. Bei mehreren Hundert Parteien in einem Hochhaus ist es aktuell kaum möglich, dass jeder über Nacht sein E-Auto laden kann. Auch in Tiefgaragen müssen zukünftig Steckdosen vorhanden sein, damit man am nächsten Morgen zur Arbeitsstelle kommt.

Fazit:

Pro

- ✓ Langfristig bessere Ökobilanz
- ✓ Niedrige laufende Kosten
- ✓ Weniger Verschleißteile
- ✓ Lokal emissionfrei
- ✓ Bessere Beschleunigung
- ✓ Keine Gangschaltung notwendig
- ✓ Höhere Effizienz des Elektromotors
- ✓ Energierückgewinnung beim Bremsen

Contra

- ✘ Hohe Anschaffungskosten
- ✘ Geringe Reichweite
- ✘ Langsames Laden
- ✘ In manchen Gegenden zu wenig Lademöglichkeiten

3.1.5 Wie viel kostet ein E-Auto?

Teurer Akku, teures E-Auto - das ist allgemeiner Konsens, wenn es um die Anschaffung eines E-Autos geht. Und es stimmt, die Akkus sind teuer und machen einen großen Anteil der Fahrzeugkosten aus. Aktuell liegt der Preis von Akkus für E-Autos bei bis zu 20.000 Euro. Im Jahr 2010 haben die Akkus noch das Fünffache gekostet. Die elektrisch angetriebenen Fahrzeuge sind in den letzten Jahren somit deutlich günstiger geworden.

Doch wie hoch sind die Anschaffungskosten eines E-Autos? Das „Model 3" von Tesla gibt es für etwas mehr als 40.000 Euro zu erwerben. Klein-wagen, zum Beispiel das Modell „Leaf" von Nissan, welches als meistverkauftes E-Auto der Welt gilt, gibt es je nach Ausstattung ab ca. 35.000 Euro. VW möchte im Jahre 2020 mit dem Modell „ID.3" mit einer Reichweite von 300 bis 500 Kilometer ein E-Auto für weni-ger als 30.000 Euro auf den Markt bringen.

Die Anschaffungskosten für ein akkubetriebenes E-Auto sind im Vergleich zu einem konventionellen Fahrzeug im selben Fahrzeugsegment somit teurer. Um den Verkauf von E-Autos zu fördern, gibt es seit 2016 eine Förderliste an Fahrzeugen, für die man eine Kaufprämie erhält, welche jeweils zur Hälfte vom Bund und Autohersteller finanziert wird. Beim Kauf eines reinen E-Autos oder Brennstoffzellenfahrzeugs erhält man als „Umweltbonus" bis zu 6.000 Euro und bei einem Hybridfahrzeug bis zu 4.500 Euro. Die Prämie lief ursprünglich bis Juni 2019 und wurde bis Ende 2025 verlängert. Dank der Vergünstigung gibt es auch Modelle wie den „e.Go Life" vom deutschen Hersteller „e.GO Mobile AG" für 10.000 Euro.

Neben den Anschaffungskosten spielen Kosten im Betrieb für die Wartung, KFZ-Steuern und Versicherungen sowie der Wertverlust des Fahrzeugs eine mindestens genauso große Rolle.

Reine E-Autos werden bei den Steuern bevorzugt behandelt. Bei einer Erstzulassung bis Ende 2020 gibt es eine Steuerbefreiung von 10 Jahren.

Die Energiekosten beim Laden des Akkus liegen bei vier bis acht Euro auf 100 Kilometer. Je nach Modell, dessen Verbrauch und der Ladeleistung variieren die Preise sehr stark. Üblicherweise lädt man den Akku zuhause über die Nacht. Dort sind die Kosten niedriger als bei öffentlichen Ladestationen. Es gibt jedoch Ausnahmen - bei diversen Geschäften wie Aldi, Lidl, Ikea und Kaufland gibt es Ladestationen, die gebührenfrei genutzt werden können. Hingegen kostet der Sprit eines Benziners mit sechs bis acht Litern auf 100 Kilometern ungefähr zehn Euro.

Neben den Energiekosten fallen auch Wartungskosten an, die beim E-Auto um ein Drittel niedriger sind, da vor allem der Antrieb deutlich einfacher aufgebaut und wartungsärmer ist. Es muss kein Motoröl gewechselt werden und auch die Bremsbeläge werden aufgrund der elektrischen Motorbremse geschont.

Wenn man nun die Gesamtkosten ermittelt, sind laut der Kostenanalyse des ADAC im Oktober 2018 bereits die Hälfte aller E-Autos günstiger als konventionelle Fahrzeuge. Dazu wurde eine Jahresfahrleistung von 15.000 Kilometer angenommen und eine Haltedauer von fünf Jahren. Die Kosten pro Kilometer liegen dafür zwischen 37 Cent für ein „smart fortwo coupé EQ prime" und 132 Cent beim „Tesla Model X 100D". Bei den Verbrennerfahrzeugen liegen die Kosten zwischen 34 und 138 Cent.

Fazit: E-Autos haben aufgrund der relativ teuren Akkus einen hohen Anschaffungspreis, der aber in den letzten Jahren stetig gesunken ist. Berücksichtigt man den Wertverlust, die geringen Betriebs- und Wartungskosten, Steuern und Versicherungskosten, dann gleichen sich die Kosten eines E-Autos dem Benziner und Diesel-Fahrzeug an. Mit der Kaufprämie für elektrisch angetriebene Fahrzeuge und der Steuerbefreiung sind die E-Modelle teilweise sogar günstiger.

3.1.6 Welche Reichweite hat ein E-Auto?

Der ein oder andere kennt das Gefühl, wenn man abends ausgeht, zum Beispiel auf ein Konzert oder in eine Bar und der Akku des Handys zur Neige geht. Nun stellen Sie sich vor, Sie wollen in die Berge, um Ski zu fahren und möchten in einer abgeschiedenen Ferienwohnung in der Natur nächtigen. Das Radio ist an und die Heizung in Ihrem E-Auto ist auf das Maximum aufgedreht. Die Scheinwerfer des Wagens bringen etwas Licht ins Dunkel. Ihnen wird bewusst, dass im Umkreis mehrerer Kilometer keine Menschenseele ist – und der Akku Ihres E-Autos ist nahezu leer.

Dieses Phänomen wird „Reichweitenangst" genannt. Da die deutsche Bevölkerung neuen Technologien häufig kritisch gegenübersteht und auch beim Thema „Elektromobilität" zögert, gibt es bereits Wortkreationen wie „German Reichweitenangst". Das Gefühl, mit dem E-Auto auf der Strecke liegen zu bleiben, ist aber keineswegs nur ein Problem der Deutschen. Der ursprünglich aus den USA stammende Begriff „range anxiety" wird in Norwegen, dem Land der E-Autos, mit „rekkeviddeangst" beschrieben und erhielt im Jahr 2013 den 2. Platz beim „Wort des Jahres".
Nun stellt sich die Frage, ob diese Angst berechtigt ist. Denn ein typischer Autofahrer fährt zwischen 30 und 40 Kilometer täglich. Circa 90 Prozent fahren üblicherweise weniger als 100 Kilometer an einem Tag. Diese Dis-

tanzen erreichen heutige E-Autos bereits problemlos. Das heißt, für den typischen Autofahrer, der mit seinem Fahrzeug nur zur Arbeitsstelle fährt, danach kurz zum Sport geht und mit dem Auto noch Einkaufen möchte, genügt ein E-Auto.

Bei längeren Strecken in den Urlaub und zur 500 Kilometer entfernten Verwandtschaft hingegen kann es aktuell noch knapp werden. Nachfolgend wird deswegen auf die aktuellen Reichweiten heutiger E-Autos eingegangen.

NEFZ, *WLTP* und EPA sind Tests zum Ermitteln des „Energieverbrauchs" und der daraus resultierenden Reichweite von E-Autos und Fahrzeugen mit Verbrennungsmotor. Allerdings weichen die Ergebnisse der genannten Prüfverfahren teilweise stark voneinander ab. Bei dem veralteten Verfahren *NEFZ* kann es gut möglich sein, dass Sie in Realität nur halb so weit mit Ihrem E-Auto kommen wie im Test ermittelt. Aus dem Grund wurde es in Europa vor einigen Jahren durch das *WLTP*-Verfahren ersetzt, welches realistischere Ergebnisse liefert. Das Prüfverfahren EPA gilt ebenfalls als realitätsnah und wird häufig in den USA eingesetzt.

In der nachfolgenden Tabelle werden die Reichweite nach *NEFZ* und *WLTP* sowie weitere Kenndaten aktueller Modelle dargestellt:

Modell	Leistung (kW/PS)	Batteriekapazität (kWh)	Reichweite nach NEFZ (km)	Reichweite nach WLTP (km)	Unverbindliche Preisempfehlung (Euro)
BMW i3	125/170	33,2	290	233	37.550
Nissan Leaf	110/150	40	378	285	31.950
Renault Zoe Z.E. 40	68/92	41	403	316	26.100
VW e-Golf	100/136	35,8	300	231	35.900
Tesla Model 3 (Performance)	358/487	75	-	530	63.000

Abbildung basierend auf: VCD. Auto-Umweltliste

Fahrzeuge wie das Tesla Model 3 haben sehr große Akkus, können viel Energie speichern und nähern sich den Reichweiten von konventionellen Fahrzeugen. Je nach Fahrzeugmodell, variieren der Kraftstoffverbrauch und die Größe des Tanks, weshalb Verbrenner Distanzen von 600 bis 1200 Kilometer erreichen können.

Obwohl die Elektromotoren ungefähr drei Mal effizienter sind als Verbrennungsmotoren, haben sie dennoch eine niedrigere Reichweite. Woran liegt das? Der Grund hierfür ist die Energiedichte, also die Menge an Energie in einem bestimmten Raum. Bei Benzin und Dieselkraftstoff ist die Energiedichte ungefähr 70 Mal höher als bei Lithium-Akkus. Das bedeutet, der Akkupack muss deutlich größere Abmessungen als der Tank haben.

Aktive Systeme wie Heizung, Radio und Licht reduzieren die Reichweite zusätzlich. Falls Sie also tatsächlich sehr lange Distanzen mit einem E-Auto fahren möchten, müssen Sie sich auf Pausen einstellen, um Ihr Fahrzeug zu laden.

Alternativen sind sogenannte *„Range Extender"*, zu Deutsch *„Reichweitenverlängerer"*. Sie können, zum Beispiel wie ein kleiner Anhänger an der Rückseite eines E-Autos befestigt werden und liefern zusätzliche Energie. Dabei gibt es unterschiedliche Varianten mit Zusatzakku oder Verbrennungsmotor, die einen Generator antreiben, um Strom zu produzieren. Dies ist jedoch recht umständlich, weshalb Hersteller wie VW alternative Wege gehen. Beim Kauf eines E-Autos bietet der Hersteller nämlich für längere Fahrten, zum Beispiel in den Urlaub, kostenlos ein konventionelles Fahrzeug an.

Fazit: Die Reichweiten von E-Autos aus dem Premiumsegment gelangen in naher Zukunft in den Bereich von konventionellen Fahrzeugen. Die aktuell erreichbaren Distanzen von 150 bis 600 Kilometer entsprechen etwa der Hälfte von Benzinern/Diesel-Fahrzeugen. Der Grund hierfür ist die verhältnismäßig niedrige Energiedichte der Akkus im Vergleich zum Kraftstoff.

3.1.7 Wie (lange) und wo kann man E-Autos laden?

E-Autos können weniger Energie als konventionelle Fahrzeuge speichern und müssen deswegen häufiger zur Ladestation. Doch wo kann man das Auto laden? Und wie lange dauert der Ladevorgang?

Im Prinzip können E-Autos überall geladen werden, wo eine herkömmliche Steckdose ist, in die ein sogenannter „Schukostecker" (rechts) passt. Dieses Stecksystem 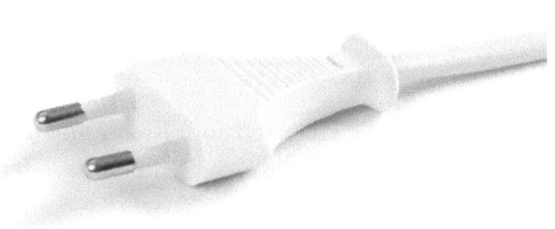 verwendet jedes normale Haushaltsgerät zum Beispiel der Toaster oder das Handyladegerät. Das bedeutet, Sie können ihr E-Auto auch direkt in der Garage laden, wenn Sie eine freie Steckdose haben. Der große Nachteil daran ist die Ladeleistung von weniger als 3,7 kW (Kilowatt), welche nur ein sehr langsames Laden ermöglicht. Da die herkömmlichen Steckdosen und Stromnetze im Haus nicht für solch hohe Dauerlasten ausgelegt sind

 und sich schlimmstenfalls stark erhitzen (und ggf. ein Feuer verursachen), sollte die reale Leistung bei weniger als 2,3 kW liegen. Um einen Renault ZOE mit einer Akkukapazität von 21 Kilowattstunden (kWh) zu laden, werden dafür 10 Stunden benötigt. Die Ladedauer eines Tesla Model S mit großem Akkupack (100 kWh) beträgt an

einer gewöhnlichen Steckdose bis zu zwei volle Tage. Das Laden an einer herkömmlichen Steckdose dauert also sehr lang.

Allerdings gibt es Alternativen: Für ungefähr 1.000 Euro kann man sich zuhause _Wandladestationen_ (engl. _Wall box_) mit unterschiedlichen Leistungen installieren lassen. Neben der Station mit 3,7 kW machen vor allem Ladestationen mit 11 kW Sinn, da diese über _Drehstromsteckdosen_, wie sie auch für Elektroherde verwendet werden, an das Stromnetz angeschlossen

werden können. Die Ladezeiten bei einem Renault ZOE reduziert sich dann auf zwei Stunden und beim Tesla Model S auf ungefähr 10 Stunden. Da Privatfahrzeuge durchschnittlich 23 Stunden am Tag nicht genutzt werden, reichen genannte Ladestationen mit 11 kW für die meisten Pkw-Fahrer aus. Problematisch wird das Laden in dicht besiedelten Gebieten zum Beispiel Hochhäusern oder Mehrparteienhäusern. Nicht jeder Anwohner kann aus Platzgründen seinen eigenen, privaten Parkplatz mit Stromanschluss haben. Auch wenn aktuell noch wenige Ladestationen vor den Gebäuden ausreichen, wird es zukünftig mit mehr E-Autos schwierig werden. Dann sind die Besitzer von E-Autos auf öffentliche Ladestationen angewiesen.

Derzeit entfallen 10 bis 20 Prozent aller Ladevorgänge auf öffentliche Ladestationen, umgangssprachlich auch „Stromtankstellen" genannt. Sie werden heutzutage vorwiegend bei längeren Strecken oder beim Einkaufen genutzt. Aktuell sind in Deutschland etwa 20.000 Stromtankstellen mit über 55.000 Ladepunkten vorhanden. Ladesäulen können aus mehreren Ladepunkten bestehen und haben unterschiedliche Ladeleistungen und

Stecker. Bis 2030 sieht die Bundesregierung sogar eine Million Ladepunkte für Elektroautos vor.

Die Leistungen von öffentlich zugänglichen Ladestationen liegen im Bereich von 3,7 bis 350 kW. Je nach Ladestation sind also Ladezeiten von deutlich unter einer Stunde möglich. Etwa 80 Prozent des Akkus können innerhalb von 15 bis 30 Minuten bei ausreichender Ladeleistung vollgeladen werden. Die letzten 20 Prozent benötigen hingegen verhältnismäßig mehr Zeit, da Lithium-Akkus sehr empfindlich auf ein Überladen reagieren und deswegen gegen Ende nur sehr langsam vollgeladen werden können. Wenn man es eilig hat, macht es deswegen Sinn, den Ladevorgang bei 80 Prozent zu beenden, weiterzufahren und gegebenenfalls später den Akku erneut in kurzer Zeit aufzuladen. Ein noch schnelleres Laden ist prinzipiell auch möglich, wird jedoch bei heutigen Lithium-Akkus nicht empfohlen, da die Lebensdauer verkürzt wird.

Insgesamt gibt es mehr als ein halbes Dutzend unterschiedlicher Steckkontakte zum Laden von E-Autos. Der am häufigsten verwendete Stecker an öffentlichen Ladestationen in Europa lautet „*Typ 2*", auch „*Mennekes*"-Stecker genannt und ist links abgebildet. Neben den aus dem Haushalt bekannten Schukosteckern gibt es noch sogenannte CHAdeMO-Steckkontakte, die vorwiegend im asiatischen Markt genutzt werden und hier in Deutschland nur einen kleinen Anteil ausmachen. Anwendung findet ebenfalls der Steckkontakt „Combined Charging System" (kurz: CCS), der für eine Übertragung von Gleich- und Wechselstrom geeignet ist.

Heutzutage gibt es bereits automatisierte Ladevorgänge, bei denen sogenannte „Laderoboter" das Elektroauto ohne Zutun des Menschen mit Energie versorgen können. Der automatisierte Vorgang erfolgt mit Hilfe einer Kamera, welche die Position der Ladebuchse ermittelt, und einem Roboterarm, der den Steckkontakt herstellt. Eine weitere Möglichkeit ist induktives Laden, bei dem Energie mit Hilfe eines elektromagnetischen Feldes kontaktlos zum Fahrzeug übertragen wird. Bei elektrischen Zahnbürsten und Handys wird diese Technologie bereits eingesetzt. Wichtige Aspekte sind eine genaue Positionierung und ein möglichst geringer Abstand zwischen Sender und Empfänger, um einen hohen Wirkungsgrad zu erzielen. An beiden Technologien werden zukünftig vor allem Betreiber von Carsharing-Diensten mit autonomen Fahrzeugflotten interessiert sein.

Die Bezahlung an öffentlichen Stromtankstellen erfolgt meist kartenbasiert oder mit einer App. Es gibt etliche Anbieter mit jeweils eigenem Bezahlsystem. Um eine Anmeldung bei mehreren Anbietern zu vermeiden, wird ein universelles System empfohlen. Geschäfte wie Aldi, Lidl, Ikea, Kaufland und Euronics stellen Ladepunkte zur Verfügung, bei denen man sein E-Auto kostenlos laden kann, wenn man dort einkauft.

Fazit: Aller Anfang ist schwer! Auch die Thematik des Ladens von E-Autos ist zu Beginn komplex. In der Praxis reicht im Normalfall ein „Typ 2"-Stecker aus. Die Ladezeit kann je nach Leistung und Akkukapazität deutlich unter einer Stunde liegen. Notfalls ist auch ein Laden über die herkömmliche Steckdose möglich. Dies macht aufgrund der hohen Ladedauer bei längeren Standzeiten Sinn, zum Beispiel über die Nacht.

3.1.8 Akku oder Brennstoffzelle: Was ist besser?

Auch wenn der Trend aktuell Richtung Akkutechnologie geht, bedeutet es nicht, dass andere Energiespeicher in Zukunft nicht auf dem Markt verfügbar sein werden. Eine weitere bedeutende Technologie ist die Brennstoffzelle. In ihr erfolgt eine sogenannte *„kalte Verbrennung"* von Wasserstoff und Sauerstoff. Dabei entsteht Strom, der genutzt werden kann, um das Fahrzeug mit einem Elektromotor anzutreiben. Als Zwischenspeicher wird auch hier ein Akku genutzt, welcher jedoch deutlich kleiner als bei akkubetriebenen E-Autos ist. Das Abfallprodukt ist unschädlicher Wasserdampf, der über den Auspuff entweicht. Der Antrieb von Brennstoffzellenautos kann wie bei akkubetriebenen E-Autos als lokal emissionslos bezeichnet werden. Sie sind zwar aufgrund von Pumpen etwas lauter als elektrisch angetriebene Fahrzeuge, jedoch deutlich geräuschärmer als Verbrennungsmotoren.

Getankt wird Wasserstoff – früher in flüssiger Form, heutzutage meist gasförmig, deswegen wird ein Brennstoffzellenauto auch Wasserstofffahrzeug genannt. Da Wasserstoff in der Natur nur gebunden und nicht in reiner Form vorkommt, muss es hergestellt werden. Es gibt diverse Herstellungsverfahren, die jedoch energieintensiv sind und aktuell noch mit fossilen Rohstoffen realisiert werden. Heutzutage wird überwiegend Erdgas zur Produktion verwendet. Grundsätzlich kann die Herstellung aber auch komplett mit erneuerbaren Energien erfolgen zum Beispiel mittels *Elektrolyse*.

Bei flüssigem Wasserstoff gab es früher Schwierigkeiten mit dem Speichern. Vor über einem Jahrzehnt haben BMW-Ingenieure beispielsweise festgestellt, dass sich ein halbvoller Wasserstofftank eines 7er-Modells innerhalb von Tagen aufgrund von Ausgasung komplett leert. Heutzutage wird jedoch problemlos gasförmiger Wasserstoff bei bis zu 800 bar in sogenannten Drucktanks gespeichert.

Viele Menschen fragen sich auch, ob Wasserstoff gefährlich ist. Manche denken dabei an den mit Wasserstoff befüllten Zeppelin „Hindenburg", welcher vor ungefähr 90 Jahren abgebrannt ist. Und in der Tat ist Wasserstoff entflammbar, jedoch ist die Gefahr gering. Brennstoffzellenfahrzeuge sollen sogar sicherer als Benziner sein, da sich das Gas bei einem Leck schnell verflüchtigt.

Insbesondere asiatische Hersteller, wie zum Beispiel Toyota, sind überzeugt, dass Brennstoffzellenautos in Zukunft eine wichtige Rolle spielen werden. Die Reichweite ist mit 500 Kilometern größer als bei aktuellen E-Autos und das Nachtanken erfolgt ähnlich schnell wie beim Tanken von Kraftstoff in ungefähr drei Minuten. Aktuell gibt es etwa 100 Wasserstofftankstellen in Deutschland. In den nächsten Jahren sollen allerdings mehrere Hundert neue Wasserstofftankstellen gebaut werden. Die Kosten für eine Wasserstofftankstelle belaufen sich auf über eine Million Euro. Für ein flächendeckendes Netz wären etwa 1.000 solcher Tankstellen notwendig. Die neue Infrastruktur kostet deswegen mehrere Milliarden Euro, soll aber langfristig günstiger sein als die Infrastruktur von akkubetriebenen E-Autos.

Anfang 2019 rollten jedoch nur 500 Brennstoffzellenfahrzeuge über deutsche Straßen. Das ist selbst im Vergleich zu den 54.000 akkubetriebenen E-Autos wenig. Einer der Hauptgründe sind die aktuell noch hohen Preise von Brennstoffzellenautos. Für den Mittelklassewagen „Mirai" von Toyota muss der Kunde 78.600 Euro zahlen. Den Hyundai Nexo gibt es bereits ab 69.000 Euro. Die Preise sind noch zu hoch für den Normalverbraucher, weshalb der Kunde eher zum Kauf eines konventionellen Fahrzeugs oder E-Autos mit Akku neigt.

Auch wenn aktuell akkubetriebene E-Autos deutlich mehr Aufmerksamkeit bekommen, heißt das nicht, dass sich Brennstoffzellen nicht durchsetzen werden. Die Mehrheit der Automobil-Manager ist optimistisch. Laut der Umfrage von KPMG vermuten über 75 Prozent von ihnen, dass die Brennstoffzelle und nicht die Akkutechnologie langfristig den Durchbruch elektrisch angetriebener Fahrzeuge bewirkt.

Tatsächlich haben sie einige Vorteile, denn es sind keine Rohstoffe wie Lithium und Kobalt notwendig. Zwar wird teures Platin für die Brennstoffzelle verwendet, jedoch nur wenige Gramm. Für einen Akku werden hingegen kiloweise Lithium benötigt. Dennoch liegt das akkubetriebene E-Auto aktuell vorne. Gründe sind die bessere Infrastruktur und der geringere Preis gegenüber dem Brennstoffzellenauto.

Fazit: Das akkubetriebene E-Auto ist bei weitem nicht perfekt, weshalb es Sinn macht, nach Alternativen Ausschau zu halten. Mittel- und langfristig kann die Brennstoffzelle insbesondere für längere Strecken eine gute Wahl sein. Wasserstoffautos gleichen den konventionellen Fahrzeugen beim Tankvorgang, weshalb zukünftig günstige wasserstoffbetriebene Fahrzeuge möglicherweise eher von der Gesellschaft angenommen werden. Voraussetzung ist allerdings eine gut ausgebaute Infrastruktur. Aller Voraussicht nach werden im nächsten Jahrzehnt beide Technologien auf dem Markt bleiben, bis sich über lange Sicht eine davon durchsetzt.

3.1.9 Was für Alternativen zu E-Autos gibt es?

Akkubetriebene E-Autos werden von Seiten der Regierung vorwiegend aufgrund der Umweltbilanz gefördert und von den Herstellern oft mit „zero emission" beworben. Doch die Wahrheit sieht nicht ganz so rosig aus. Bis die Ökobilanz besser als beim Verbrenner ist, müssen Tausende Kilometer gefahren werden. Ähnlich verhält es sich auch mit dem finanziellen Aspekt von akkubetriebenen E-Autos. Der Abbau der Rohstoffe, vor allem von Kobalt, ist höchst umstritten und auch das häufig genannte Argument, dass nicht ausreichend Stromtankstellen vorhanden sind, ist zumindest teilweise berechtigt. Brennstoffzellenfahrzeuge haben hingegen eine höhere Reichweite, aber auch nochmals höhere Anschaffungskosten für den Kunden.

Deswegen stellt sich die Frage, ob es weitere Alternativen gibt. Und tatsächlich gibt es günstigere Optionen mit einer höheren Reichweite und einem schnellen Tankvorgang - sie sind jedoch alle von fossilen Rohstoffen abhängig.

In der Öffentlichkeit weniger thematisiert und dennoch deutlich häufiger anzutreffen als Brennstoffzellenautos sind Fahrzeuge, die Flüssiggas als Energiespeicher nutzen. Man kennt sie auch unter den Namen Autogas oder LPG (Liquefied Petroleum Gas). Von ihnen gibt es ungefähr 450.000 Fahrzeuge auf deutschen Straßen. Die Verbrennung von Flüssiggas ist umweltfreundlicher als Benzin oder Diesel. Im

Vergleich zu einem Benziner entstehen 20 Prozent weniger Stickoxide und sogar 95 Prozent weniger als beim Diesel. Das Gas gibt es an ungefähr jeder zweiten Tankstelle in Deutschland und ist mit etwa 55 Cent günstiger als Benzin oder Diesel. Es ist sogar möglich, einen Diesel oder Benziner für ungefähr 2.000 Euro auf Autogas umrüsten zu lassen, wobei dies seit 2017 aufgrund einer Gesetzesänderung deutlich erschwert wurde.

Eine weitere Alternative zu E-Autos sind Fahrzeuge, die Erdgas als Kraftstoff nutzen. Das Gasgemisch wird mit CNG (Compressed Natural Gas) abgekürzt und besteht zu einem Großteil aus Methan. Auch hier ist eine

Umrüstung von konventionellen Fahrzeugen für ungefähr 3.000 Euro möglich. Falls Sie an einem Neukauf eines Erdgasfahrzeugs interessiert sind, können Sie sich zwischen diversen Modellen von Fiat, Opel, VW und weiteren Herstellern entscheiden. Tankstellen, die Erdgas anbieten, beschränken sich auf ungefähr 900 in Deutschland.

Aktuell noch uninteressant sind synthetische Kraftstoffe, die zwar umweltfreundlich sind, aber deren Herstellung momentan ein Vielfaches der konventionellen Kraftstoffe kostet und deswegen für den Durchschnittsverbraucher nicht in Frage kommen.

Zu guter Letzt gibt es noch Hybridfahrzeuge, welche wie der Name schon sagt, zwei unterschiedliche Antriebe und Energiespeicher besitzen. Üblicherweise handelt es sich um einen Elektromotor und einen Verbrennungsmotor. Die Energie wird in Form von Benzin oder Diesel zugeführt. Im Akkumulator wird Energie zwischengespeichert. Die Fahrzeuge werden als Zwischenschritt zu reinen E-Autos angesehen und sollen die positiven Eigenschaften beider Technologien vereinen. Um die ungewünschte Teillast beim Verbrennungsmotor zu verhindern, kann im Stadtverkehr vorwiegend der effiziente Elektromotor genutzt werden. Auf der Autobahn liefert der Verbrennungsmotor bei Volllast eine gute Performance. Bremsenergie kann beim Rekuperieren in den kleinen Akku zurückgeführt werden, wodurch der Kraftstoffverbrauch sinkt.

Eine Erweiterung des Hybridfahrzeugs ist der Plug-In-Hybrid, bei dem die Energiezufuhr nicht nur durch Kraftstoff erfolgt, sondern auch über elektrische Energie. Das bedeutet, der Akku kann über einen zusätzlichen Stecker (engl. Plug) am Stromnetz geladen werden. Dadurch können nicht nur kurze, sondern auch Strecken mittlerer Distanz rein elektrisch gefahren werden. Aufgrund des vorhandenen konventionellen Antriebs ermöglicht ein (Plug-In-)Hybrid auch das Zurücklegen großer Reichweiten. Hybridmodelle sind grundsätzlich teurer als konventionelle Fahrzeuge, da sie zusätzlich zum Verbrennungsmotor einen Akku und einen Elektromotor besitzen. Doch der Staat fördert den Kauf von Hybriden aufgrund der etwas besseren Ökobilanz mit einer Kaufprämie.

Prinzipiell lassen sich auch andere Energiewandler mit dem Elektromotor kombinieren, zum Beispiel ein Brennstoffzellen-Plug-In-Hybrid, der als Energiewandler einen Elektromotor und eine Brennstoffzelle besitzt. Als Energiespeicher kann Wasserstoff und ein Akku verwendet werden, der über die Steckdose geladen werden kann.

Fazit: Erdgas und Autogas sind im Vergleich zu Benzin oder Diesel umweltfreundlichere Kraftstoffe. Beide fossilen Brennstoffe können nach einer Umrüstung üblicher Diesel- und Ottomotoren verwendet werden. Mittelfristig werden sich Hybride durchsetzen, da sie für viele ein idealer Übergang zum E-Auto sind. Durch die Kombination von Elektro- und Verbrennungsmotor werden die positiven Eigenschaften beider Technologien genutzt. Dadurch kann eine hohe Reichweite ermöglicht und der CO_2-Ausstoß geringfügig reduziert werden.

3.1.10 Wie sieht die Gegenwart und Zukunft der E-Autos aus?

Die Dieselaffäre und die Verbote von Dieselfahrzeugen in Städten sind ein heiß diskutiertes Thema. Ironischerweise trifft es die Bürger der Autostadt Stuttgart, welche bereits in der Vergangenheit mit hohen Feinstaubwerten zu kämpfen hatten, am härtesten. Seit 2019 gilt dort im gesamten Stadtgebiet ein Verbot für alte Dieselfahrzeuge (*Abgasnorm* 4 / IV und schlechter).

Nun könnte man annehmen, dass anstatt von Dieselfahrzeugen E-Autos gekauft werden. In der Realität hält sich der Verkauf von E-Autos in Deutschland aber noch in Grenzen. Zwar steigt die Anzahl der E-Autos, jedoch bleibt die Entwicklung unterdurchschnittlich.

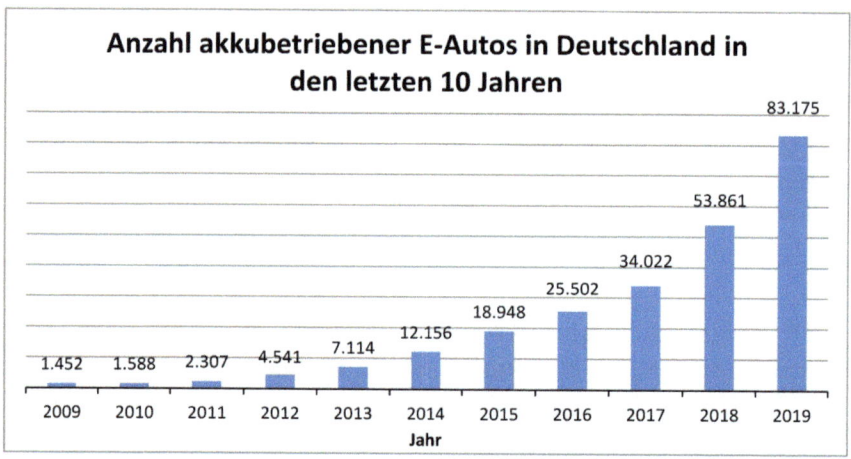

Basierend auf: Statista. Anzahl der Elektroautos in Deutschland

Vor allem werden aber auch die Automobilhersteller von der Regierung unter Druck gesetzt. Neu zugelassene Pkws müssen im Schnitt unter einem bestimmten CO_2-Grenzwert liegen. Tun sie das nicht, werden hohe

Strafzahlungen fällig. Laut Experten wird deswegen ab 2020 ein exponentieller Anstieg für den Verkauf von E-Autos in Deutschland erwartet.

Auf deutschen Straßen fahren aktuell über 55 Millionen Pkws, davon sind etwa 83.000 akkubetriebene E-Autos.

Mit einem Marktanteil von 2,6 Prozent besitzt in Deutschland nur jedes fünfzigste neu zugelassene Auto ein Elektromotor als Antrieb. Im Vergleich zu den Norwegern, die einen Marktanteil von 60,8 Prozent an elektrisch angetriebenen Autos haben, ist das verhältnismäßig wenig. Denn konkret bedeutet dies, dass Norweger fast 25 Mal eher zu einem elektrisch angetriebenen Auto greifen als wir Deutschen.

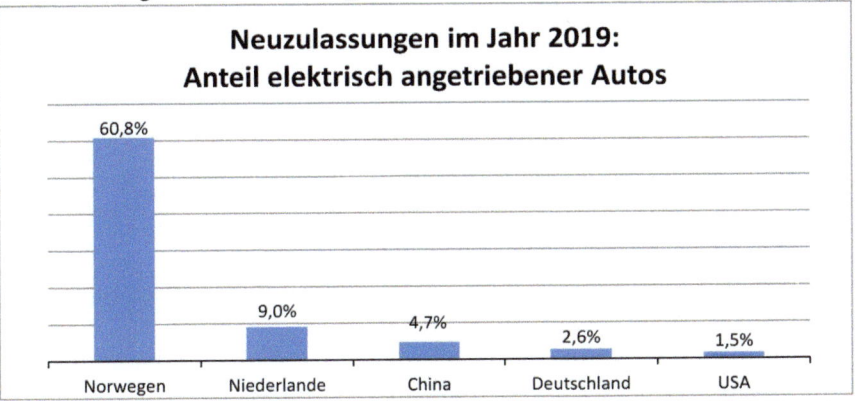

Basierend auf: Center of Automotive Managment (CAM). E-Mobilität im internationalen Vergleich: Absatztrends im 1. Q. 2019

Doch wie sieht die Zukunft aus? In den nächsten Jahren wird die Zahl der verkauften E-Autos steigen. Aufgrund des technischen Fortschritts werden sich die Kenndaten von E-Autos verbessern, womit gleichzeitig das Interesse der Bevölkerung steigen wird. Neben der Reichweite wird der Ausbau der Ladestationen zunehmen. Teslas Geschäftsführer Elon Musk möchte 2020 eine neue Version des Modells „Roadster" mit einer Reichweite von 1.000 Kilometer vorstellen. Mittelfristig werden neue Technologien, zum Beispiel Festkörperzellen die Fahrzeuge sicherer und langlebiger machen. Auch Carsharing-Dienste werden die Akzeptanz von E-Autos in der Gesellschaft fördern.

Dennoch haben die Experten sehr unterschiedliche Meinungen, wie schnell sich die E-Autos durchsetzen werden. Aus diesem Grund werden nachfolgend zwei stark voneinander abweichende Prognosen näher beschrieben.

Forscher der Leibniz Universität in Hannover vermuten, dass sich die Verkaufszahlen akkubetriebener E-Autos alle 15 Monate verdoppeln. Daraus folgt die optimistische Prognose, dass bereits 2026 nahezu alle neu zugelassenen Autos ohne Verbrennungsmotor auskommen werden. Das würde bei einer Lebensdauer von 15 Jahren bedeuten, dass es 2040 nur noch E-Autos geben würde.

Auf der Gegenseite gibt es die konservative Prognose des Forschungsinstituts „DLR" („Deutsches Zentrum für Luft- und Raumfahrt"), die besagt, dass 2040 immer noch 25 Prozent des Bestands, konventionelle Fahrzeuge mit einem Verbrennungsmotor als Antrieb sein werden.

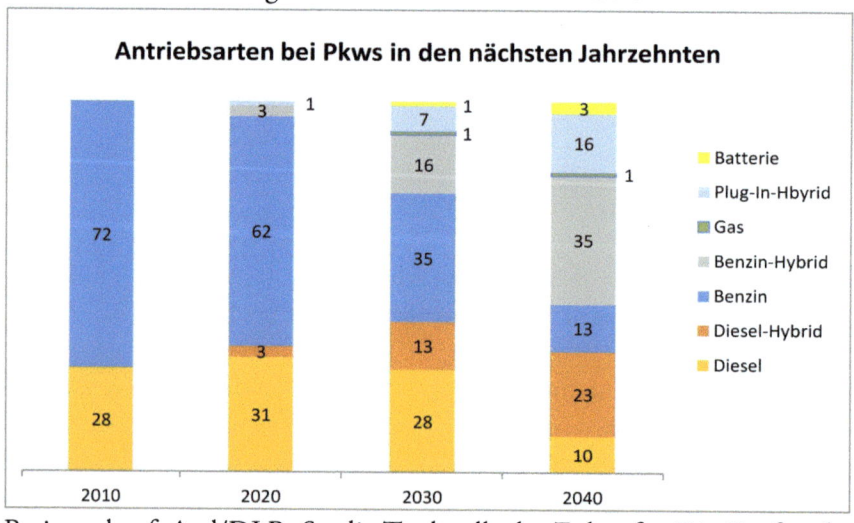

Basierend auf: Aral/DLR. Studie Tankstelle der Zukunft - Die Großstadt-
Tankstelle 2040.

Der Großteil, also fast drei Viertel aller Fahrzeuge, werden laut der Studie in 30 Jahren Hybride mit einem Elektromotor und Verbrennungsmotor sein. Nur 3 Prozent des Fahrzeugbestands sollen im Jahr 2040 akkubetriebene E-Autos sein. Das entspricht ungefähr 1,5 Millionen Fahrzeugen. Der Anteil an gasbetriebenen Autos liegt bei 1 Prozent. Darunter fallen auch Brennstoffzellenfahrzeuge, die mit gasförmigem Wasserstoff betankt werden.

Die Realität wird vermutlich irgendwo zwischen beiden Prognosen liegen. Als Vorstufe werden sich viele Kunden ein Hybrid-Fahrzeug kaufen, da diese eine hohe Reichweite besitzen und gleichzeitig umweltfreundlicher sind als konventionelle Fahrzeuge.

Fazit: Aktuell zögern die Deutschen noch beim Kauf von E-Autos. Im Vergleich zu China oder Norwegen ist der Anteil von neuzugelassenen E-Autos in Deutschland niedriger. Die Meinungen zur Zukunft des E-Autos und dessen Verbreitung gehen selbst bei Experten deutlich auseinander. Mittelfristig werden sich aller Voraussicht nach Hybride mit Elektro- und Verbrennungsmotor durchsetzen.

Welches ist das meist verkaufte E-Auto?

Über 360.000 Nissan „Leaf" wurden in den letzten fünf Jahren verkauft. Damit ist es das meist verkaufte E-Auto weltweit. Der Kompaktklassewagen kommt als Sonderversion „Zero e+" mit einem 60 kWh-Akku auf eine Reichweite von 385 Kilometer (_WLTP_). In der Basisversion mit kleinerem 40-kWh-Akku wird das Fahrzeug etwa 35.000 Euro kosten.

Auf dem zweiten und dritten Platz sind das „Model S" von Tesla und die „EC-Series" von BAIC. Das meist verkaufte deutsche E-Auto ist das Modell i3 von BMW, das mit knapp 110.000 Fahrzeugen auf Platz 10 liegt. Betrachtet man nur das Jahr 2018, liegt Tesla mit seinem neusten „Model 3" sogar vor allen anderen E-Autos. Denn alleine in dem Jahr wurden fast 150.000 Fahrzeuge verkauft. Auch 2019 steht Tesla mit seinem Model 3 an der Spitze. Unter den Deutschen ist der Renault „ZOE" sehr beliebt. In den letzten Jahren zählte das französische Auto regelmäßig zu den meistverkauften Modellen in Deutschland und Europa.

Können die Akkus von E-Autos bei einem Unfall explodieren?

Es gibt immer wieder Schlagzeilen, dass E-Autos nach einem Unfall Feuer fangen und diese von der Feuerwehr nur schwer gelöscht werden können. Passieren kann dies tatsächlich bei extremer mechanischer Einwirkung zum Beispiel durch einen Unfall oder wenn die Akkuzelle stark erhitzt wird. Sobald eine einzelne Akkuzelle in Brand gerät, kann sie umliegende Akkuzellen ebenfalls entzünden. Die Feuerwehr wird für solche Fälle speziell geschult, weshalb Sie sich keine Sorgen über brennende Akkus machen sollten. Im Vergleich zu Fahrzeugen, die mit Benzin angetrieben werden, gibt es laut ADAC keine Hinweise, dass sich E-Autos häufiger entzünden. Explosionen wie im Film gibt es im Normalfall nicht. Falls sich in Zukunft Festkörperakkumulatoren durchsetzen werden, steigt die Sicherheit nochmals deutlich.

Können Menschen mit Herzschrittmacher gefahrlos mit dem Elektroauto fahren?

Wissenschaftler haben untersucht, inwieweit die starken elektromagnetischen Felder beim Fahren und Laden von E-Autos Einfluss auf Herzschrittmacher haben. Es wurde befürchtet, dass Herzschrittmacher das starke elektromagnetische Feld als Herzschlag wahrnehmen und deswegen irrtümlicherweise aussetzen. Ebenfalls wurde diskutiert, ob Defibrillatoren die Felder fälschlicherweise als Kammer-Rhythmusstörung interpretieren und das Herz einen elektrischen Schock verpassen. Dank der guten Abschirmsysteme im Auto müssen sich herzkranke Menschen jedoch keine Sorgen machen. Aber auch beim Ladenvorgang, welcher am kritischsten beurteilt wird, traten bei Untersuchungen keine Störungen auf.

Wie viel wiegt der Akku eines E-Autos?

Bei konventionellen Autos gilt der Verbrennungsmotor als das Herz des Fahrzeugs. Das elementare Teil von E-Autos hingegen ist der Akkumulator. Typischerweise liegt das Gewicht der Akkus heutiger Fahrzeuge bei ungefähr 300 Kilogramm. Das Schwergewicht unter den elektrochemischen Energiespeichern findet man im Tesla Model S. Mit etwa 750 Kilogramm ist der Akku ein Schwergewicht. Im Vergleich zum Leergewicht von über 2 Tonnen beträgt der relative Anteil am Fahrzeug gute 35 Prozent.

Können LKWs und Busse auch elektrisch angetrieben werden?

Ja, es gibt bereits diverse Nutzfahrzeuge mit elektrischen Antrieben. In Shenzhen, dem „Silicon Valley" Chinas, werden bereits alle 16.000 Busse elektrisch angetrieben. Nicht zu vernachlässigen ist dabei das hohe Gewicht der Akkus. Deswegen werden neben akkubetriebenen Bussen auch Hybridbusse oder Wasserstoffbusse mit Brennstoffzellen entwickelt. Bei den Lkws sieht es ähnlich aus. Das hohe Gewicht und die Ladezeiten schreckt die Logistikunternehmen ab, weshalb aktuell kaum elektrisch angetriebene Lastkraftwagen auf deutschen Straßen unterwegs sind. Es gibt jedoch auf diversen Autobahnabschnitten, z. B. der A5, Oberleitungen, welche Hybrid-LKWs mit elektrischer Energie versorgen können.

Hat die deutsche Automobilindustrie das E-Auto verschlafen?

In China wurden im Jahr 2018 fast eine Million elektrisch angetriebene Autos neu zugelassen. Davon waren 250.000 Plug-In-Hybride. Von den einen Million Fahrzeugen sind über 95 Prozent von chinesischen Herstellern wie BYD, BAIC und Roewe. Nur ein Bruchteil der Fahrzeuge kommt aus Deutschland.

Amerika ist der zweitgrößte Markt für E-Autos und auch dort sind einheimische Hersteller beliebt. Fast jedes zweite E-Auto ist von Tesla. Die deutsche Industrie muss also aufpassen, dass die Umstellung vom Verbrennungsmotor zum Elektromotor nicht zum Albtraum wird. Die großen Vorteile der deutschen Automobilhersteller sind die jahrzehntelange Erfahrung und das große Netzwerk an Zulieferern. Bei den Plug-In-Hybriden gelten sie aktuell laut der Einschätzung des „Center of Automotive Managment" als Innovationsführer, dennoch kommt es letztendlich auf die Verkaufszahlen an und die sehen momentan bei den deutschen Herstellern in den wichtigen Märkten nicht gut aus.

Wie viele Jahre hält ein Akku bei durchschnittlicher Nutzung?

Wenn es um die Lebensdauer von Lithium-Akkus geht, sind die Anzahl der Ladevorgänge (Ladezyklen) bzw. die damit gefahrenen Kilometer relevant. Denn der Alterungsprozess hängt vorwiegend vom Laden und Entladen des Akkus ab. Je häufiger das passiert, desto eher reduziert sich die Akkukapazität. Temperaturänderungen sowie schnelles Be- und Entladen als auch Tiefentladen oder Überladen belasten den Akku zusätzlich. Laut einer Studie von „Plug in America" hat der Akku eines Tesla Roadster nach 160.000 Kilometern durchschnittlich noch 80 bis 85 Prozent der ursprünglichen Kapazität. Die meisten Hersteller definieren den Akku bei 80 Prozent Restkapazität als verschlissen. Bei 15.000 Kilometern im Jahr hält der Akku also über 10 Jahre. Selbst danach lässt sich das E-Auto weiterhin mit eingeschränkter Reichweite fahren.

Wie wird der Strom für E-Autos erzeugt?

Aktuell besteht der Strom aus der Steckdose in Deutschland zu 40 Prozent aus erneuerbaren Energien. Mit 20 Prozent liegt die Windenergie vor der Biomasse und der Solarenergie, die jeweils etwas weniger als 10 Prozent des gesamten Energieanteils ausmachen. Wasserkraft hat mit 4 Prozent nur einen geringen Anteil.

Auf der anderen Seite enthalten fossile Rohstoffe chemische Energie, die in elektrische Energie umgewandelt werden kann. Dessen Anteil am Strommix liegt bei fast 50 Prozent. Davon ist 24 Prozent aus Braunkohle, 13 Prozent aus Steinkohle und 8 Prozent aus diversen Gasen. Der restliche Anteil wird in Kernkraftwerken aus Atomenergie generiert.

Haben Akkus und Ladegeräte eine Gleich- oder Wechselspannung?

Akkus haben eine Gleichspannung, die je nach Art der Akkuzelle bei wenigen Volt liegt. Bei den Ladestationen ist es etwas komplizierter. Manche von ihnen haben eine Gleichspannung und können den Akku direkt aufladen. Die Ladeleistungen sind in dem Fall üblicherweise höher als bei Ladestationen mit Wechselspannung, weshalb der Ladevorgang eine kürzere Zeit beansprucht. Falls eine Ladestation nur Wechselspannung anbietet, ist das auch kein Problem. In dem Fall wird Wechselstrom in das Fahrzeug eingespeist und über ein internes System im Auto gleichgerichtet. Aus Wechselstrom wird also im Fahrzeug Gleichstrom gemacht.

Wie viel kostet eine Tankladung?

Die Größe des Akkus variiert beim E-Auto ähnlich wie das Tankvolumen bei konventionellen Fahrzeugen. Ein typischer Akku kann zwischen 20 und 100 kWh (Kilowattstunden) Energie speichern. Wenn das E-Auto zuhause geladen wird, liegen die Kosten für das Vollladen des kleinen Akkus bei sieben Euro und beim großen Akku bei 35 Euro. Je nach Fahrweise können damit 150 Kilometer beim kleinen und bis zu 600 Kilometer mit dem großen Akku zurückgelegt werden. Etwas teurer kann es an öffentlichen Ladesäulen werden, insbesondere wenn es schnell gehen muss.

4 Schluss

Autonome Fahrzeuge mit Elektromotor als Antrieb sind die Zukunft – keine Frage. Bis selbstfahrende und elektrisch angetriebene Autos einen Großteil des Fahrzeugbestandes ausmachen, dauert es dennoch länger als viele denken. Vor allem der Wandel zum autonomen Fahrzeug wird schleichend erfolgen, da es mehrere Zwischenstufen bis zum Ziel, dem vollautomatisierten Fahren, gibt. Aktuell haben die modernsten Fahrzeuge die Autonomiestufe 3 erreicht. Jedoch gibt es noch gesetzliche Hürden. Sobald die juristischen Einschränkungen behoben sind, wird langfristig auch die Verantwortung und Haftung des Herstellers zunehmen.

Wenn es um die Sicherheit geht, stimmt die These „Je mehr Aufgaben vom Fahrzeug übernommen werden, desto sicherer ist es" nur eingeschränkt. Insbesondere in den kommenden Jahren, wenn Fahrzeughalter zeitweise die Kontrolle an das Fahrzeug abgeben, kann es zu Unfällen kommen, da es für den Fahrer schwierig ist, die Grenzen der Technik einzuschätzen. Dennoch sterben in Deutschland von Jahr zu Jahr weniger Menschen bei Autounfällen. Dank autonomer Fahrzeuge wird die Zahl der Verkehrstoten vor allem langfristig weiterhin sinken.

Auch bezüglich des Themas Moral brauchen Sie keine Bedenken haben. Die Wahrscheinlichkeit, dass ein autonomes Fahrzeug zwischen einer alten Dame und einem Kleinkind entscheiden muss, geht gegen null. Viel eher sollten Sie sich hinsichtlich des Datenschutzes Gedanken machen, in wie weit sie bereit sind, private Daten preiszugeben zum Beispiel Videoaufnahmen im Fahrzeug.

In einem halben Jahrzehnt werden Modelle mit Stufe 4 auf dem Markt erscheinen. Wenige Jahre später folgen autonome Taxis. Erst danach wird es Fahrzeuge mit der Stufe 5 für Privatpersonen geben. Auch fahrunfähige Menschen werden zukünftig in den Genuss von selbstfahrenden Autos kommen.

Der Preis für die Zusatzausstattung, mit der ein vollautomatisiertes Fahren möglich ist, wird zu Beginn in der Region eines günstigen Kleinwagens liegen und somit vorerst nur für die Wohlhabenden unter uns interessant sein.

Akkubetriebene E-Autos hingegen gibt es neu bereits ab 20.000 Euro. Zwar muss nach wenigen Hundert Kilometern Strom getankt werden, dennoch lohnt sich der Kauf aus finanzieller Sicht unter anderem wegen der Kaufprämie teilweise jetzt schon. Denn dank der Steuerbefreiung, den niedrigen Betriebs- und Wartungskosten sind vor allem die laufenden Kosten deutlich niedriger als beim konventionellen Fahrzeug. Da Elektromotoren wartungsärmer sind, müssen wir zukünftig auch seltener in die Werkstatt.

Auch ökologisch macht der Umstieg zum akkubetriebenen Fahrzeug langfristig Sinn. Insbesondere wenn man viel fährt und Ökostrom „tankt". Dann kann selbst die anfänglich hohe Umweltbelastung bei der Herstellung des Akkus gut kompensiert werden.

Beim ersten akkubetriebenen E-Auto müssen Sie sich vorwiegend ans Laden gewöhnen. Zwar wird der Akku auch an der einfachen Steckdose voll, jedoch dauert dies etliche Stunden, weshalb Sie eine _Wandladestation_ für die Garage einplanen sollten.

E-Autos sind somit sicherlich keine „eierlegende Wollmilchsau", aber das sind Fahrzeuge mit Verbrennungsmotor auch nicht. Brennstoffzellenfahrzeuge sind aufgrund der stark eingeschränkten Infrastruktur und des hohen Preises aktuell nicht attraktiv. Das wird sich in den nächsten zehn Jahren allerdings noch ändern.

Wenn Sie nun vor der Entscheidung stehen, welches neue Auto Sie kaufen sollen, dann haben Sie bereits erste Anhaltspunkte in diesem Buch finden können. Je nach Umstand gibt es dennoch unterschiedliche Empfehlungen. Berücksichtigen Sie dabei unter anderem folgende Punkte:

Wie offen sind Sie gegenüber neuen Technologien?

→ Hybride kombinieren alte und neue Technologien und erleichtern den Wandel, da es kaum Veränderungen für den Nutzer gibt.

→ Elektroautos sind anfänglich eine Umstellung. Diesen Schritt müssen Sie aber früher oder später so oder so gehen.

Wie wichtig ist Ihnen Ihr ökologischer Fußabdruck? Denken Sie dabei auch an Ihre Kinder.

→ Plug-In-Hybride mit einem großen Akku, um übliche Strecken rein elektrisch zu fahren, sind sinnvoll.

→ E-Autos machen langfristig rein ökologisch am meisten Sinn.

Leben Sie alleine oder haben Sie in Ihrem Mehrpersonenhaushalt mehr als ein Fahrzeug zur Verfügung?

→ Bei mehreren Fahrzeugen können Sie auch zweigleisig fahren und für den täglichen Weg zur Arbeit auf ein E-Auto setzen.

→ Bei langen Strecken zum Beispiel in den Urlaub können Sie ihr Hybridfahrzeug oder konventionelles Auto nutzen.

Wenn Sie sich für ein elektrisch angetriebenes Fahrzeug entscheiden, berücksichtigen Sie folgende Punkte:

→ Erkundigen Sie sich, ob Ihr gewünschtes Modell zu den förderfähigen Modellen gehört, für die der Staat eine Kaufprämie vorsieht. (siehe Link in Kapitel „6 Weiterführende Literatur")

→ Informieren Sie sich, insbesondere wenn mehrere Parteien in Ihrem Gebäude wohnen, ob Sie eine private Wandladestation, zum Laden Ihres Fahrzeugs, installieren dürfen.

→ Fragen Sie nach, ob es sich bei den Verbrauchswerten und den Kilometerangaben um das WLTP- oder NEFZ-Verfahren handelt. Das WLTP-Verfahren liefert deutlich realitätsnähere Angaben.

Einen letzten Tipp möchte ich Ihnen noch mitgeben. Durch Lesen dieses Buches haben Sie sich Wissen zur Zukunft der Mobilität angeeignet. Nutzen Sie es weise und seien Sie schlauer als Kaiser Wilhelm II. Er sagte nämlich: „Ich glaube an das Pferd. Das Automobil ist nur eine vorübergehende Erscheinung."

5 Fachbegriffe erläutert

Abgasnorm: Mit der Abgasnorm werden die Grenzwerte für den Schadstoffausstoß von Kraftahrzeugen definiert. Dazu werden NEFZ- bzw. WLTP-Untersuchungen gemacht und Kohlenstoffmonoxide, Stickstoffoxide, Kohlenwasserstoffe, Partikelmasse und Partikelanzahl ermittelt. Je nach Resultat werden die Kraftfahrzeuge in unterschiedliche „Euro"-Klassen eingeteilt.

ABS: Das **A**nti**b**lockier**s**ystem verhindert ein Blockieren der Räder bei starken Bremsvorgängen. Hierdurch lässt sich das Fahrzeug während des Bremsens weiterhin kontrollieren, da die Lenkbarkeit und Spurtreue gegeben ist.

Algorithmen: Algorithmen können schrittweise Probleme lösen. Dazu werden üblicherweise Eingangsdaten nach eindeutigen Handlungsvorschriften verarbeitet, sodass am Ende ein gewünschtes Resultat entsteht.

Car2Car: Siehe Car2x

Car2X: Zukünftig werden Fahrzeuge (Car) mit anderen Objekten (X), wie zum Beispiel Verkehrsschildern oder anderen Fahrzeugen (Car2Car), kommunizieren, um auf aktuelle Ereignisse zu reagieren. Somit weiß das Fahrzeug bereits vor dem Insassen, dass sich auf der vorliegenden Strecke Glatteis befindet oder hinter der nächsten Kurve ein Unfall geschehen ist.

Drehstromsteckdosen: In der Norm IEC 60309 sind diverse Mehrphasenstecker definiert, unter anderem auch der CEE-Drehstromsteckverbinder. Die roten Steckdosen mit Dreiphasenwechselstrom, Neutral- und Schutzleiter haben eine Nennspannung von 400 Volt und werden bei hohen Leistungen verwendet zum Beispiel bei Elektroherden oder großen elektrischen Maschinen.

Elektrolyse: Der Begriff Elektrolyse beschreibt die Aufspaltung von chemischen Verbindungen durch elektrischen Strom. Beispielsweise kann

Wasser unter Einwirkung von Strom in Wasserstoff und Sauerstoff zerlegt werden. Das Gegenstück zur Elektrolyse ist die kalte Verbrennung in einer Brennstoffzelle.

ESP: Eine Fahrdynamikregelung (engl. **E**lectronic **S**tability **C**ontrol) versucht das Ausbrechen des Fahrzeugs zu verhindern zum Beispiel bei einer Kurvenfahrt mit überhöhter Geschwindigkeit. Dabei werden einzelne Reifen gezielt abgebremst, um ein Über- oder Untersteuern zu vermeiden.

Fracking: Beim Hydraulic Fracturing, kurz Fracking, wird das Gestein beim Bohren unter hohem Druck aufgebrochen. Risse im Gestein werden geweitet, sodass Erdöl einfacher gewonnen werden kann. Die Methode steht in der Kritik, da die Gegner des Fracking eine Verunreinigung des Grundwassers befürchten.

GPS: Den Begriff GPS (engl. Global Positioning System) kennt man bereits vom Handy. Es dient dort wie auch beim Fahrzeug zur Lokalisierung. Erst mit der bekannten Position des Fahrzeugs lässt es sich in Richtung des Ziels navigieren.

Halterhaftung: Der Halter, also die Person, welche die Verfügungsgewalt über das Fahrzeug hat, ist für den ordnungsgemäßen Betrieb des Fahrzeugs verantwortlich. Dabei muss der Fahrzeughalter nicht unbedingt der Fahrer des Autos sein. Obwohl bspw. der Vater bei der Zulassungsbehörde eingetragen ist und somit Halter ist, benutzt der Sohn regelmäßig das Fahrzeug. Bei einem Verkehrsunfall des Sohnes kann der Vater zur Rechenschaft gezogen werden.

Kalte Verbrennung: Bei einer kalten Verbrennung reagiert ein Brennstoff zum Beispiel Wasserstoff mit Sauerstoff. Ähnlich wie bei einem brennenden Streichholz wird Energie freigesetzt, nur dass in diesem Fall keine Wärme entsteht, sondern elektrische Energie. Das Gegenteil einer kalten Verbrennung ist die Elektrolyse.

(Digitales) Kartenmaterial: Kartenmaterial wird zur Orientierung und Navigation benötigt, weshalb es bei Navigationsgeräten eingesetzt wird. Beim autonomen Fahren sind die Anforderungen besonders hoch. Dort müssen kleinste Details als auch aktuelle Informationen, wie zum Beispiel Baustellen, hinterlegt sein.

Kategorischer Imperativ: Der Kategorische Imperativ beschreibt das grundlegende Prinzip der Ethik nach Immanuel Kant. Die bekannte Gesetzesformel lautet „Handle nur nach derjenigen Maxime, durch die du zugleich wollen kannst, dass sie ein allgemeines Gesetz werde." Der Begriff wird in seinen Werken „Grundlegung zur Metaphysik der Sitten" und „Kritik der praktischen Vernunft" ausführlich behandelt.

Künstliche Intelligenz: Der nur schwer definierbare Begriff lässt sich am ehesten mit einem System außerhalb der Natur beschreiben, dass intelligente Antworten auf Fragen gibt. Lernen, Urteilen und Probleme Lösen sind deswegen typische Eigenschaften einer künstlichen Intelligenz (KI).

Lidar: Mit der im Automobilbereich neuartigen Detektionsmethode Lidar (engl. light detection and ranging) lassen sich ähnlich wie beim Radar Abstände zu Objekten messen. Anstatt Radarwellen werden beim Lidar jedoch Laserstrahlen genutzt, mit denen der Abstand zu Personen, Fahrzeugen oder Gebäuden auf wenige Millimeter genau bestimmt werden kann.

Machine Learning: Beim Maschinellen Lernen (ML) eignet sich das System neues Wissen durch Erfahrung an. Dafür wird in vorliegenden Beispieldaten nach Mustern und Gesetzmäßigkeiten gesucht. Aus konkreten Beispielen werden allgemeine Zusammenhänge ermittelt. Basierend auf diesen Erfahrungen lassen sich Aussagen über unbekannte Datensätze treffen. Beispielsweise werden zur Erkennung eines Autos die Anzahl der Räder betrachtet. Falls vier Räder vorhanden sind, ist die Chance hoch, dass es sich um ein Kraftfahrzeug handelt.

Mennekes / Typ 2: Der Stecker zum Laden von E-Autos wurde bereits 2013 in Europa als Standard für Elektroautos festgelegt. Abgesehen von einer leicht angepassten Version von Tesla wird der Stecker für Ladevorgänge mit Wechselspannung (ein- und dreiphasig) genutzt.

NEFZ: Auch wenn NEFZ für „**N**euer **E**uropäischer **F**ahrzyklus" steht, ist das im Jahre 1970 eingeführte Prüfverfahren veraltet und wird deswegen seit 2017 durch das WLTP-Verfahren ersetzt. Die durchschnittlichen Verbrauchswerte beim NEFZ sind deutlich niedriger als beim WLTP-Verfahren und werden häufig als realitätsfern bezeichnet.

Parkassistent: Fahrzeuge mit Einparkhilfe unterstützen den Fahrer beim Einparken. Mit Hilfe von Kamera- und Ultraschallsensoren kann die Umgebung erfasst werden. Fortschrittliche Systeme übernehmen die Lenkung sowie die Längsbewegung, wodurch der Fahrer den Vorgang nur noch überwachen muss.

Primärenergie: Die ursprünglich vorkommende Energieform, also die Energie, welche aus natürlichen Quellen entnommen wird, nennt sich Primärenergie. Die Energieträger können Erdöl, Kohle, Sonne, Wind, etc. sein. Durch Umwandlungsprozesse wird aus Primärerenergie Sekundärenergie zum Beispiel elektrische Energie.

Produzentenhaftung: Produziert ein Hersteller einen Artikel, der vermeidbare Mängel aufweist und dadurch Schaden entstanden ist, kann er zur Haftung gezogen werden. Bei Verschulden des Herstellers kann Schadensersatz gefordert werden.

Radar: Radare (engl. radio detection and ranging) werden im Automobilbereich zur Erkennung von Objekten verwendet. Sie senden und empfangen Signale im Radiofrequenzbereich. Personen und andere Objekte reflektieren diese ausgesendeten Signale, wodurch deren Abstand und Geschwindigkeit ermittelt werden kann.

Range Extender / Reichweitenverlängerer: Elektroautos haben im Vergleich zu traditionellen Fahrzeugen eine geringere Reichweite, weshalb Range Extender eingesetzt werden können, um die Fahrstrecke zu erhöhen. Sie bestehen üblicherweise aus einem Verbrennungsmotor und einem Generator, der die chemische Energie in elektrische Energie wandelt.

Redundanz: Wenn zwei oder mehrere gleiche oder ähnliche Sensoren für dieselbe Aufgabe verwendet werden, spricht man von Redundanz. Im Falle eines defekten Sensors ist die Funktionsweise des Gesamtsystems weiterhin uneingeschränkt gegeben, da mindestens ein weiterer Sensor die korrekten Daten liefern kann.

Rekuperation: Beim Rekuperieren wird während des Bremsvorgangs Energie zurückgewonnen. Im Automobil bedeutet das konkret, dass die Energie während des Bremsens nicht in Wärme umgewandelt, sondern in den Akkumulator zurückgeführt wird.

Stauassistent: Sobald der Verkehr stockt, kann dank des Spurhalteassistenten und der automatischen Distanzregelung, das Fahrzeug ohne Zutun des Fahrers dem Straßenverlauf folgen und sich automatisch an die Geschwindigkeit des vorausfahrenden Fahrzeugs orientieren.

Ultraschall: Ultraschallsensoren senden und empfangen Signale oberhalb des hörbaren Frequenzbereichs und können damit Objekte in der nahen Umgebung erkennen, weshalb sie vorwiegend beim Parken eingesetzt werden.

Utilitarismus: Bei dem Begriff aus der Ethik und Sozialphilosophie wird der Gesamtnutzen einer Tat betrachtet. Nach dem Utilitarismus ist eine Entscheidung somit moralisch, wenn der absolute Ertrag maximal ist. Es soll also diejenige Handlung favorisiert werden, bei der das größtmögliche Wohlergehen aller Betroffenen erreicht wird.

Viertaktmotor: Wie der Name bereits sagt, hat der Viertaktmotor vier Arbeitsschritte, auch Takte genannt. Zum Einsatz kommt die Viertaktvariante im Otto- und Dieselmotor vorwiegend bei PKWs und LKWs. Zweitaktmotoren sind im Vergleich zu „Viertaktern" einfacher aufgebaut und werden häufig in Mofas und Motorrollern eingesetzt.

WLTP: "Worldwide harmonized Light vehicles Test Procedure" ist ein Messverfahren zur Ermittlung der Abgasemissionen und des Energieverbrauchs von Kraftfahrzeugen. Das Verfahren wurde 2017 in der EU eingeführt und berücksichtigt unter anderem Aspekte wie Schaltvorgänge, Fahrzeugmasse und Kraftstoffqualität. Aufgrund des alltagsnahen Fahrprofils gelten die Ergebnisse der WLTP-Untersuchung als deutlich realistischer im Vergleich zu NEFZ-Messungen.

Wall box / Wandladestation: Im privaten Bereich lädt man Elektroautos üblicherweise an Wandladestationen, da sie das Auto sicherer und schneller als über die herkömmliche Schukosteckdose laden können. Es gibt einphasige und dreiphasige Systeme mit Ladeleistungen zwischen 3,7 kWh und 44 kWh. Die Geräte kosten zwischen 500 und 2000 Euro und sollten beim Kauf eines E-Autos zusätzlich eingeplant werden.

6 Weiterführende Literatur

Liste der förderfähigen Elektrofahrzeuge:
https://www.bafa.de/DE/Energie/Energieeffizienz/Elektromobilitaet/elektromobilitaet_node.html

20 Leitlinien der Ethik-Kommission:
Bundesministerium für Verkehr und digitale Infrastruktur. Ethik-Kommission. Automatisiertes und vernetztes Fahren. Bericht Juni 2017.
www.bmvi.de

Moral Machine – Moralische Entscheidungen beim autonomen Fahren:
http://moralmachine.mit.edu von Prof. Rahwan (MIT Media Lab)

Technisches Fachwissen in den Bereichen Fahrerassistenzsystem und autonomes Fahren:
Handbuch Fahrerassistenzsysteme von H. Winner

Makabrer Humor in einem Filmprojekt oder was hat autonomes Fahren mit Hitler zu tun:
https://www.youtube.com/watch?v=MZGPz4a2mCA

7 Quellenverzeichnis

1. Was bedeutet autonomes Fahren überhaupt?

Abbildung basierend auf: SAE J3016. Taxonomy and Definitions for Terms Related to On-Road Motor Vehicle Automated Driving Systems

2. Wie funktioniert ein autonomes Fahrzeug?

https://www.bundesregierung.de. (12. Mai 2017). Abgerufen am 26. März 2019 von https://www.bundesregierung.de/Content/DE/Artikel/2017/01/ 2017-01-25-automatisiertes-fahren.html

3. Welche Vor- und Nachteile hat das autonome Fahren?

Verband der Automobilindustrie e. V. Automatisierung. Von Fahrerassistenzsystemen zum automatisierten Fahren. 2015. Berlin.

Statistisches Bundesamt: Verkehr – Verkehrsunfälle 2018. Fachserie 8 Reihe 7 (2018) S. 54.

4. Wann wird es autonome Fahrzeuge geben?

Deutscher Bundestag. Autonomes und automatisiertes Fahren auf der Straße – rechtlicher Rahmen. 2018. Aktenzeichen: WD 7 - 3000 - 111/18

https://www.audi-technology-portal.de. (2019). Abgerufen am 26. März 2019 von https://www.audi-technology-portal.de/de/elektrik-elektronik/fahrerassistenzsysteme/audi-a8-audi-ai-staupilot

https://www.daimler.com. (2019). Abgerufen am 26. März 2019 von https://www.daimler.com/innovation/case/autonomous/rechtlicher-rahmen.html

http://www.ncsl.org. (19. März 2019). Abgerufen am 26. März 2019 von http://www.ncsl.org/research/transportation/autonomous-vehicles-self-driving-vehicles-enacted-legislation.aspx

https://www.reuters.com. (5. Dezember 2018). Abgerufen am 26. März 2019 von https://www.reuters.com/article/us-waymo-selfdriving-focus/waymo-unveils-self-driving-taxi-service-in-arizona-for-paying-customers-idUSKBN1O41M2

https://emerj.com. (19. Februar 2019). Abgerufen am 26. März 2019 von https://emerj.com/ai-adoption-timelines/self-driving-car-timeline-themselves-top-11-automakers/

Prognos. Einführung von Automatisierungsfunktionen in der Pkw-Flotte – Auswirkungen auf Bestand und Sicherheit. August 2018. Basel.

5. Was werden autonome Fahrzeuge kosten?

https://www.n-tv.de. (11. Juli 2015). Abgerufen am 26. März 2019 von https://www.n-tv.de/auto/Autonomes-Fahren-wird-fuer-Autobauer-teuer-article15487691.html

https://www.techjini.com. (19. Dezember 2016). Abgerufen am 26. März 2019 von https://www.techjini.com/blog/google-self-driving-car-now-waymo/

https://www.bloomberg.com. (29. September 2016). Abgerufen am 26. März 2019 von https://www.bloomberg.com/news/articles/2016-09-29/volvo-plans-to-offer-fully-self-driving-car-to-luxury-buyers

6. Wie sicher ist autonomes Fahren?

Deloitte. What's ahead for fully autonomous driving – Consumer opinions on advanced vehicle technology. 2017. London.

Kalra, N., Groves, D. G. (Rand Cooperation): The Enemy of Good - Estimating the Cost of Waiting for Nearly Perfect Automated Vehicles. 2017. Santa Monica.

Abbildung basierend auf: Statistisches Bundesamt. Verkehr – Verkehrsunfälle 2018. Fachserie 8 Reihe 7 (2018) S. 54.

https://www.zeit.de. (21. März 2018). Abgerufen am 26. März 2019 von https://www.zeit.de/mobilitaet/2018-03/autonomes-fahren-auto-technik-sicherheit-unfall-zukunft/seite-2

https://www.bloomberg.com. (20. März 2018). Abgerufen am 26. März 2019 von https://www.bloomberg.com/opinion/articles/2018-03-20/uber-crash-shows-need-for-collaboration-in-self-driving-cars

7. Wie wird im kritischen Extremfall entschieden?

http://moralmachine.mit.edu. (2018). Abgerufen am 26. März 2019 von http://moralmachineresults.scalablecoop.org

Bundesministerium für Verkehr und digitale Infrastruktur. Ethik-Kommission - Automatisiertes und vernetztes Fahren. Juni 2017.

Abbildung basierend auf: E. Awad, S. Dsouza, R. Kim, J. Schulz, J. Henrich, A. Shariff, J.-F. Bonnefon, I. Rahwan: The Moral Machine experiment. Nature. 2018.

8. Wer haftet bei einem Unfall?

http://www.spiegel.de. (31. März 2018). Abgerufen am 26. März 2019 von http://www.spiegel.de/auto/aktuell/tesla-autopilot-war-bei-toedlichem-unfall-eingeschaltet-a-1200740.html

National Transportation Safety Board. Preliminary Report Highway HWY18MH010 24. Mai 2018.

9. Was sind die Herausforderungen für autonome Fahrzeuge?

Haist, T.: Autonomes Fahren: Eine kritische Beurteilung der technischen Realisierbarkeit. 2016. Stuttgart.

National Transportation Safety Board. Preliminary Report Highway HWY18MH010 24. Mai 2018.

10. Was können heutige automatisierte Fahrzeuge bereits?

Abbildung basierend auf: Navigant Research Leaderboard. Automated Driving Vehicles 1Q 2019

https://www.consumerreports.org. (12. Juni 2018). Abgerufen am 26. März 2019 von https://www.consumerreports.org/car-safety/tesla-autopilot-update-warns-drivers-sooner-to-keep-hands-on-wheel/

Kurze Fragen und Antworten

https://de.statista.com. (Juli 2016). Abgerufen am 26. März 2019 von https://de.statista.com/infografik/7401/nutzung-der-durch-autonomes-fahren-gewonnenen-zeit/

Deutscher Bundestag. Autonomes und automatisiertes Fahren auf der Straße – rechtlicher Rahmen. 2018. Aktenzeichen: WD 7 - 3000 - 111/18

https://www.zdnet.com. (13. November 2018). Abgerufen am 26. März 2019 von https://www.zdnet.com/article/sex-in-driverless-cars-say-scientists-im-not-sure-im-buying-it

https://chris.com. (2019). Abgerufen am 26. März 2019 von https://chris.com/de-de/funktionen/

https://www.bbc.com. (19. August 2014). Abgerufen am 26. März 2019 von https://www.bbc.com/news/technology-28851996

http://motormaq.com. (7. März 2018). Abgerufen am 26. März 2019 von http://motormaq.com/autonomes-gefahren-werden-wann-wird-selbstfahren-verboten/

Schneider , U.: Sensordatenfusion und Fehlerkalibrierung von umfelderkennenden Sensoren eines Straßenfahrzeuges. 2005. Braunschweig.
https://www.forbes.com. (29. März 2018). Abgerufen am 26. März 2019 von https://www.forbes.com/sites/jimgorzelany/2018/03/29/first-autonomous-car-gets-a-traffic-ticket-in-san-francisco/#4a6a317f2730

https://www.datacenter-insider.de. (22. Oktober 2018). Abgerufen am 26. März 2019 von https://www.datacenter-insider.de/fuehrerschein-tests-fuer-selbstfahrende-autos-a-768029/

1. Was haben E-Autos mit Carsharing und autonomem Fahren zu tun?

CAR2GO. Thesenpapier - Die fünf Voraussetzungen für das erfolgreiche Management autonomer Carsharing-Flotten in der Zukunft. 2017.

2. Was ist ein E-Auto und wie funktioniert es?

http://www.spiegel.de. (19. September 2018). Abgerufen am 26. März 2019 von http://www.spiegel.de/auto/aktuell/elektroautos-regierungsberater-kippen-millionen-ziel-a-1228897.html

3. Warum gibt es ein Wandel von Verbrennern zu E-Autos? Oder anders gefragt: Sind E-Autos tatsächlich nachhaltiger?

http://www.bpb.de. Abgerufen am 26. März 2019 von http://www.bpb.de/nachschlagen/zahlen-und-fakten/globalisierung/52761/peak-oil?zahlenfakten=detail

https://www.tagesspiegel.de. (07. Januar 2019). Abgerufen am 26. März 2019 von https://www.tagesspiegel.de/wirtschaft/e-auto-batteriehersteller-mit-lithium-aus-bolivien-unabhaengiger-von-china/23831474.html

https://www.spektrum.de. (22. November 2017). Abgerufen am 26. März 2019 von https://www.spektrum.de/news/fehlen-die-rohstoffe-fuer-die-e-mobilitaet/1520359

https://www.wiwo.de. (24. Januar 2019). Abgerufen am 26. März 2019 von https://amp.wiwo.de/unternehmen/auto/falsche-zahlen-steile-thesen-die-mythen-der-e-auto-kritiker/23906014.html?__twitter_impression=true

https://www.bdew.de. (22.10.2018). Abgerufen am 26. März 2019 von https://www.bdew.de/presse/presseinformationen/elektroautos-fast-60-prozent-weniger-co2/

Romare, M., Dahlöf, L.: The Life Cycle Energy Consumption and Greenhouse Gas Emissions from Lithium-Ion Batteries - A Study with Focus on Current Technology and Batteries for light-duty vehicles. Stockholm. 2017.

4. Was sind die Pros und Contras von E-Autos?

Marx, P.: Wirkungsgrad-Vergleich zwischen Fahrzeugen mit Verbrennungsmotor und Fahrzeugen mit Elektromotor. Der Elektro-Fachmann. 2015.

Amtsblatt der Europäischen Union. Verordnung (EU) Nr. 540/2014 des europäischen Parlaments und des Rates. 2014.

https://www.bundesregierung.de. (2019). Abgerufen am 26. März 2019 von https://www.bundesregierung.de/breg-de/aktuelles/vorteile-fuer-elektroautos-336442

5. Wie viel kostet ein E-Auto?

https://www.tesla.com. (2019). Abgerufen am 26. März 2019 von https://www.tesla.com/de_DE/model3/design#battery

https://www.nissan.de. (2019). Abgerufen am 26. März 2019 von https://www.nissan.de/fahrzeuge/neuwagen/leaf.html

https://www.zeit.de. (20. Januar 2019). Abgerufen am 26. März 2019 von https://www.zeit.de/mobilitaet/2019-01/elektromobilitaet-vw-preisanstieg-elektroauto-co2-grenzwerte

https://www.renault.de. (2019). Abgerufen am 26. März 2019 von https://www.renault.de/modellpalette/renault-modelluebersicht/zoe.html

http://www.bafa.de. Abgerufen am 26. März 2019 von http://www.bafa.de/DE/Energie/Energieeffizienz/Elektromobilitaet/elektromobili taet_node.html

https://www.zoll.de. (2019). Abgerufen am 26. März 2019 von https://www.zoll.de/DE/Fachthemen/Steuern/Verkehrsteuern/Kraftfahrzeugsteue r/Steuerverguenstigung/Elektrofahrzeuge/elektrofahrzeuge_node.html

https://www.adac.de. (31. Oktober 2018). Abgerufen am 26. März 2019 von https://www.adac.de/rund-ums-fahrzeug/e-mobilitaet/antrieb/elektroauto-kostenvergleich

6. **Welche Reichweite hat ein E-Auto im Vergleich zum traditionellen Automobil?**

Bozem, K. Nagl, A. Rath, V. Haubrock, A.: Elektromobilität: Kundensicht, Strategien, Geschäftsmodelle – Ergebnisse der repräsentativen Marktstudie FUTURE MOBILITY; Springer 2013.

https://www.spektrum.de. (16. August 2016). Abgerufen am 26. März 2019 von https://www.spektrum.de/news/die-angst-vor-der-leeren-batterie/1420000

Abbildung basierend auf: VCD, (2018/2019). https://www.vcd.org. Abgerufen am 26. März 2019 von https://www.vcd.org/fileadmin/user_upload/Redaktion/Themen/Auto_Umwelt/ VCD_Auto-Umweltliste/AULi-18-19/VCD_Auto-Umweltliste_2018- 2019_Positiv-Liste.pdf

7. **Wie (lange) und wo kann man E-Autos laden?**

CAR2GO. Thesenpapier - Die fünf Voraussetzungen für das erfolgreiche Management autonomer Carsharing-Flotten in der Zukunft. 2017.

https://www.strom-magazin.de. (2. Januar 2019). Abgerufen am 26. März 2019 von https://www.strom-magazin.de/strommarkt/bdew-ueber-16-000-oeffentliche- e-auto-ladestationen_214177.html

https://www.goingelectric.de. (2019). Abgerufen am 26. März 2019 von https://www.goingelectric.de/stromtankstellen/statistik/Deutschland/

8. **Akku oder Brennstoffzelle: Was ist besser?**

https://www.heise.de. (22.11.2006). Abgerufen am 26. März 2019 von https://www.heise.de/tr/artikel/Unterwegs-im-Wasserstoff-7er-279187.html

https://www.toyota.de. (2019). Abgerufen am 26. März 2019 von https://www.toyota.de/automobile/brennstoffzellenautos.json

Forschungszentrum Jülich. Comparative Analysis of Infrastructures: Hydrogen Fueling and Electric Charging of Vehicles. Band/Volume 408. 2019. Jülich

https://www.ptb.de. Abgerufen am 26. März 2019 von https://www.ptb.de/cms/fileadmin/internet/dienstleistungen/vollversammlung/VV2018/03_Herbert.pdf

https://de.statista.com. (2018). Abgerufen am 26. März 2019 von https://de.statista.com/statistik/daten/studie/265995/umfrage/anzahl-der-elektroautos-in-deutschland/

https://www.hyundai.de. (2019). Abgerufen am 26. März 2019 von https://www.hyundai.de/Modelle/NEXO.html

https://automotive-institute.kpmg.de. (2019) Abgerufen am 26. März 2019 von https://automotive-institute.kpmg.de/2018/brain.html#electric-readiness

9. Was für Alternativen zu E-Autos gibt es?

https://www.wiwo.de. (25. August 2017). Abgerufen am 26. März 2019 von https://www.wiwo.de/unternehmen/auto/diesel-debatte-wann-autogas-als-alternative-zum-diesel-taugt/20234386.html

ADAC. Kostenvergleich: Erd- und Autogas gegen Benziner und Diesel. 17.03.6010 – IN 29942. Januar 2019.

10. Wie sieht die Gegenwart und Zukunft der E-Autos aus?

Abbildung basierend auf: https://de.statista.com. (2018). Abgerufen am 26. März 2019 von https://de.statista.com/statistik/daten/studie/265995/umfrage/anzahl-der-elektroautos-in-deutschland/

Center of Automotive Managment (CAM). E-Mobilität im internationalen Vergleich. Absatztrends im 1. Quartal 2019. Bergisch Gladbach.

https://www.focus.de. (17. November 2017). Abgerufen am 26. März 2019 von https://www.focus.de/auto/elektroauto/beschleunigung-im-video-1000-km-reichweite-400-km-h-neuer-tesla-roadster-pulverisiert-bugatti_id_7859975.html

http://www.spiegel.de. (17. September 2017). Abgerufen am 26. März 2019 von http://www.spiegel.de/auto/aktuell/elektromobilitaet-der-durchbruch-kommt-2022-a-1166688.html

Abbildung basierend auf: Aral. Studie Tankstelle der Zukunft - Die Großstadt-Tankstelle 2040. 2018.

Kurze Fragen und Antworten

https://www.aerzteblatt.de. (20. Juni 2018). Abgerufen am 26. März 2019 von https://www.aerzteblatt.de/nachrichten/95912/Elektroautos-sind-keine-Gefahr-fuer-Herzschrittmacher

https://ecomento.de. (27. September 2016). Abgerufen am 26. März 2019 von https://ecomento.de/2016/09/27/elektroauto-batterien-noch-zu-schwer/

Saxton, T.: Plug In America's Tesla Roadster Battery Study; 2013.

Frauenhofer-Institut für solare Energiesysteme ISE: Stromerzeugung in Deutschland im ersten Halbjahr 2018. 2018. Freiburg.

https://www.auto-motor-und-sport.de. (27. März 2019). Abgerufen am 27. März 2019 von https://www.auto-motor-und-sport.de/news/elektroauto-brandgefahr-2018/

Center of Automotive Managment (CAM). Branchenstudie: E-Mobilität im internationalen Vergleich. Konsolidierte Absatztrends im Gesamtjahr 2018 und Prognose 2019. 2019. Bergisch Gladbach.

Center of Automotive Managment (CAM). E-Mobilität: Absatztrends in wichtigen globalen Automobilmärkten: 1.-3. Quartal 2018. 2018. Bergisch Gladbach.

Center of Automotive Managment (CAM). Die Innovationsstärke der globalen Automobilhersteller im Fünf-Jahres-Vergleich (2014-2018). 2018. Bergisch Gladbach.

https://www.autobild.de. (9. Januar 2019). Abgerufen am 27. März 2019 von https://www.autobild.de/artikel/nissan-leaf-2019-11768681.html

https://www.zsw-bw.de. (2019). Abgerufen am 27. März 2019 von https://www.zsw-bw.de/mediathek/datenservice.html#c6840